Um olhar sobre a família
Trajetória e desafios de uma ONG

CEAF
Centro de Estudos e
Assistência à Família

Dados Internacionais de Catalogação na Publicação (CIP)
(Câmara Brasileira do Livro, SP, Brasil)

Um olhar sobre a família: trajetória e desafios de uma ONG /
Célia Valente (organizadora). — São Paulo: Ágora, 2004.

Bibliografia.
ISBN 85-7183-875-5

1. Centro de Estudos e Assistência à Família (CEAF) – História
2. Cuidadores de família 3. Família – Aspectos psicológicos
4. Organizações não-governamentais - Brasil 5. Terapia familiar
6. Trabalho voluntário 7. Voluntários I. Valente, Célia.

03-6466   CDD-362.8280981

Índice para catálogo sistemático:

1. Brasil: Assistência à família : Trabalho voluntário :
Bem-estar social   362.8280981

Compre em lugar de fotocopiar.
Cada real que você dá por um livro recompensa seus autores
e os convida a produzir mais sobre o tema;
incentiva seus editores a encomendar, traduzir e publicar
outras obras sobre o assunto;
e paga aos livreiros por estocar e levar até você livros
para a sua informação e o seu entretenimento.
Cada real que você dá pela fotocópia não autorizada de um livro
financia o crime
e ajuda a matar a produção intelectual de seu país.

Um olhar sobre a família

Trajetória e desafios de uma ONG

Célia Valente

(Organizadora)

UM OLHAR SOBRE A FAMÍLIA
Trajetória e desafios de uma ONG
Copyright © 2003 by Centro de Estudos e Assistência à Família (CEAF)
Direitos desta edição reservados por Summus Editorial

Capa: **Renata Buono**
Editoração e fotolitos: **All Print**

Editora Ágora

Departamento editorial:
Rua Itapicuru, 613 – 7º andar
05006-000 – São Paulo – SP
Fone: (11) 3872-3322
Fax: (11) 3872-7476
http://www.editoraagora.com.br
e-mail: agora@editoraagora.com.br

Atendimento ao consumidor:
Summus Editorial
Fone: (11) 3865-9890

Vendas por atacado:
Fone: (11) 3873-8638
Fax: (11) 3873-7085
e-mail: vendas@summus.com.br

Impresso no Brasil

Agradecimentos

Gostaríamos de agradecer às centenas de voluntários que, generosamente, ao longo desses vinte anos, doaram seu tempo e seus conhecimentos por acreditarem que o projeto do CEAF poderia representar uma luz de esperança. Este trabalho é dedicado a eles, porque esta é a história que eles construíram.

Cada qual à sua maneira, mas sempre com enorme dedicação e amor, esses voluntários foram de fundamental importância para que a vida de milhares de pessoas pudesse ser um pouco menos árida.

O trabalho voluntário é anônimo, na maioria das vezes. Por isso, poucos, muito poucos, estão sendo citados nominalmente, e a eventual citação tem uma razão de ser que não passará despercebida.

À grande maioria, que trabalhou e continua doando seu talento sem alarde, nosso carinho especial.

O conselho editorial do CEAF

CONSELHO EDITORIAL:
Celia Brandão
Célia Valente
Lia Fukui
Ligia Forjaz Lesbaupin
Lúcia Porchat Cauduro
Maria Isabel Garcia Dias
Nair de Oliveira Mendes
Suzanna Amarante Levy
Walderez Bittencourt

EDIÇÃO: Célia Valente
SUBEDIÇÃO: Eliana Rocha
SECRETARIA: Vanuzia Ferreira de Melo
Vera Villas Boas

APOIO:
João Epaminondas de Oliveira

Sumário

Prefácio 9
EDUARDO GIANNETTI DA FONSECA

Apresentação 13
STEPHEN KANITZ

Introdução 15
CÉLIA VALENTE

A história do CEAF 19
GILDA CASTANHO FRANCO MONTORO

1   Gravidez na adolescência e a transformação dos papéis
na família 63
CELIA BRANDÃO

2   Cine Família: um trabalho que amplia e transforma 70
CLARICE SOBOLH TOPCZEWSKI E COLABORADORES

3   Quando a conversação resulta em transformação 78
ELLEN NAVEGA DIAS E ELZA M. BERNARDINI CARICATI

4   Antecedentes familiares de problemas na infância 87
GILDA CASTANHO FRANCO MONTORO

5   Relato de duas experiências com os pais 109
ISABEL CRISTINA RAMOS DE ARAÚJO

6   Um espaço para um novo olhar 116
IVA FOLINO PROENÇA

7   Tecendo fio a fio os sonhos da vida 121
LÉLIA SOUZA DA SILVA

8   Terapia comunitária – um subprojeto do Projeto de Terapia
Familiar 126
LIA FUKUI E MARIA DA SALETE LEITE VIANNA

9 Trabalho voluntário no Brasil: por quem, para quem, por quê.................... 130
LIGIA S. FORJAZ LESBAUPIN

10 Uma experiência com bebês e suas mães substitutas........... 132
MARIA CRISTINA GIL AUGE

11 A arte-educação no Projeto Caminhando........................... 139
MARIA LÚCIA BIGHETTI FIORAVANTI, com a colaboração de
LILIAN NAKAMURA

12 Acapeando.. 144
MARIA LÚCIA MANZIONE RIBEIRO

13 A triagem no Projeto Terapia Familiar........................ 148
MARIA DA SALETE LEITE VIANNA

14 Conflito entre proximidade e separação nas relações
familiares – "Viver de morte; morrer de vida"..................... 150
MÔNICA SOPHIA TOLEDO ZANOTTO

15 Os desafios de uma coordenadora de grupo – da instrução
à construção.. 154
NAIR DE OLIVEIRA MENDES

16 Projeto Resgate Cidadão....................................... 162
NAIR DE OLIVEIRA MENDES E SUZANNA AMARANTE LEVY

17 O fazer artístico musical de crianças desacreditadas ou
esquecidas – Um trabalho voluntário na escola,
supervisionado por uma ONG (CEAF) 167
SILVIA DE AZEVEDO BARRETTO FIX

18 Um encontro com o "marginal": o "elemento" cedendo
lugar ao sujeito.. 174
SONIA A. CORRADI HAENEL

19 Aliança conjugal e modernidade 179
SONIA THORSTENSEN

20 Da supervisão à multivisão.................................... 183
SUZANNA AMARANTE LEVY

21 Projeto Terapia Familiar – relato de uma experiência.......... 191
WALDEREZ BITTENCOURT

Prefácio

EDUARDO GIANNETTI DA FONSECA

Brasil 2020 – Trópicos utópicos[1]

O futuro nos interroga. O que esperar do Brasil em 2020? Existem três formas básicas de tentar preencher o vácuo do futuro. A previsão trabalha com a noção de provável e responde à pergunta: *o que será?* A delimitação do campo do possível opera com a idéia de exeqüível e responde à pergunta: *o que pode ser?* E a expressão da vontade trabalha com a noção de desejável e responde à pergunta: *o que sonhamos ser?* As relações entre esses três modos de conceber o futuro não são triviais. Se o desejável não respeitar os limites do possível, ele se torna vazio e quixotesco (quando não trágico). Mas isso não é tudo. No universo das relações humanas, tanto o exeqüível como o provável dependem muito da força e da competência do nosso querer. Se o sonho desligado da realidade não vinga, a realidade desprovida de sonho definha.

Dezessete anos nos separam de 2020. Seria utópico (no mau sentido) imaginar que o Brasil conseguirá, nesse curto intervalo de tempo, superar por completo suas mazelas de ordem material. Temos 503 anos de história pelas costas. Nossos problemas seculares de convivência prática – saúde, educação básica, privação, violência e desigualdade – não se prestam a curas milagrosas e arroubos voluntaristas. Grandes avanços, é claro, podem e devem ser feitos. Mas não existem atalhos.

---

1. "Brasil 2020 – Trópicos utópicos" foi uma palestra proferida durante o 3º Fórum de Debates "Família brasileira – Identidade brasileira" promovido pelo CEAF em setembro de 2003, em São Paulo.

Mesmo supondo que tudo transcorra tão bem quanto se possa sonhar em áreas críticas do combate à pobreza, como a formação de capital humano, o planejamento familiar e a geração de empregos por meio da reforma do mercado de trabalho e da retomada do crescimento, é forçoso reconhecer que o caminho à frente será longo e exigirá o trabalho consistente de mais de uma geração de brasileiros. Se tudo correr bem, não é utópico acreditar que em 2020 tenhamos conseguido reduzir em larga medida – ainda que não eliminar por completo – a distância que nos separa dos indicadores sociais dos países desenvolvidos.

A igualdade de resultados oprime, a igualdade de oportunidades liberta. A superação da pobreza que debilita e restringe a margem de escolha de tantos brasileiros representa a dimensão prática e material de um sonho compartilhado de nação. A realidade objetiva, entretanto, não é toda realidade. Cada cultura incorpora um sonho de felicidade: a vida das nações, não menos que a dos indivíduos, é vivida em larga medida na imaginação. Para além da dimensão pragmática, qual a constelação de valores que anima o nosso sonhar coletivo? Existirá uma utopia mobilizadora da alma e das energias dos brasileiros? O que o Brasil teria a dizer ao mundo se pudesse superar as mazelas do seu atraso socioeconômico?

"Um país pequeno com horizontes pequenos", afirmou o rei Leopoldo II sobre a Bélgica. Será essa a vocação brasileira? Ouso crer que não. "Se um grande povo não acreditar que a verdade somente pode ser encontrada nele mesmo; se ele não crer que apenas está apto e destinado a se erguer e redimir a todos por meio de sua verdade, ele prontamente se rebaixa à condição de material etnográfico, e não de um grande povo. Uma nação que perde essa crença deixa de ser uma nação." Como ler o desafio lançado por Dostoiévski, em *Os possuídos*, e não se pôr imediatamente a pensar no Brasil ideal que pulsa e vibra no coração do Brasil real?

Um Brasil 2020 que mereça ser sonhado não pode ser mera fabulação da imaginação caprichosa. Ele precisa partir do que efetivamente somos – das virtudes e defeitos que se entrelaçam em nosso destino de nação. Ele precisa reconhecer os limites e condicionantes herdados do passado para traçar o mapa do que podemos e o norte do que sonhamos ser. É garimpando o cascalho de nossas

PREFÁCIO   11

conquistas e reveses que chegaremos à lapidação de nossos saberes e potencialidades. O segredo da utopia (no bom sentido) reside na arte de desentranhar a luz das trevas. Há um futuro luminoso – épico remisso na visão de um poeta – querendo despertar das ameaças e promessas do presente. Que país não poderia ser o nosso! Quando penso no Brasil ideal que povoa e anima os meus sonhos, não nos vejo metidos a conquistadores, donos da verdade ou fabricantes de impérios. Não nos vejo trocando a alma pelo bezerro de ouro ou abrindo mão de nossa compreensão lúdica e amável da vida na luta por uma *pole position* na escalada cega do consumo e da destruição ecológica. Se a civilização da máquina, da competição feroz e do tempo medido a conta-gotas tem alguma razão de ser, então ela existe para libertar os homens da servidão ao econômico, e não para enredá-los em perpétua e sempre renovada corrida armamentista do consumo e da acumulação.

Do que nos fala a utopia de um Brasil capaz de nos fazer acreditar que podemos ser mais – muito mais! – que simples material etnográfico para diversão de antropólogos? Ela nos fala de um ideal de vida assentado na tranqüilidade de ser o que se é, como no canto e violão de João Gilberto. Ela nos fala da existência natural do que é belo e da busca da perfeição pela depuração de tudo o que afasta do essencial. Ela nos fala de um outro Brasil, nem mais verdadeiro nem mais falso que o existente – apenas reconciliado consigo próprio. De um Brasil altivo e aberto ao mundo, enfim curado da doença infantil-colonial do progressismo macaqueador e seu avesso, o nacionalismo tatu. De um Brasil que trabalha (o suficiente), mas nem por isso deixa de transpirar libido por todos os poros – um Brasil modesto no bolso, mas craque no pé. De um Brasil, em suma, capaz de apurar a forma da convivência sem perder o fogo dos afetos. Uma nação que se educa e civiliza, mas mantém a chama da vitalidade iorubá filtrada pela ternura portuguesa. Uma nação que poupa e cuida da previdência, mas nem por isso perde a disponibilidade tupi para a alegria e o folguedo. *Tupi and not tupi.* Um Brasil feliz.

Sob a luz austera do provável e do exeqüível, 2020 pode parecer próximo demais para grandes vôos rumo ao que sonhamos ser.

O sonho cultural de um *Brasil brasileiro* – não menos que o sonho social de um Brasil mais justo e generoso – reclama tempo. O futuro, entretanto, será o que fizermos dele. Por mais remota que pareça, a visão do Brasil ideal não é uma abstração vazia. A força do seu apelo aviva de esperança o caminho e ilumina desde já o nosso horizonte imaginativo.

Eduardo Giannetti da Fonseca, *economista, bacharel em Ciências Sociais, é professor das Faculdades Ibmec/SP e escritor.*

Apresentação

STEPHEN KANITZ

O terceiro setor

O terceiro setor existe há mais de quatrocentos anos no Brasil e, a rigor, é o primeiro setor.

O governo veio muitos anos depois para o Brasil, e o segundo setor, das empresas, é ainda mais recente.

De uns oito anos para trás ele faz questão de aparecer como um setor à parte. Fazem questão de dizer que existem três setores no país: o governo que governa, os empresários que produzem e o terceiro setor que ajuda os outros.

O terceiro setor não é um movimento social que surgiu de oito anos para cá, como muitos imaginam. Ele existe como um movimento social há muito mais tempo do que isto. O que está ocorrendo é um movimento político, o terceiro setor como um setor à parte, com direitos específicos, já que em termos de obrigações é um dos únicos setores que as cumpre.

Neste livro, vocês verão uma prestação de contas do CEAF, uma organização do terceiro setor: o que faz, que compromissos assume e cumpre com o mínimo de recursos.

Vão perceber que, ao contrário das empresas, que gastam 0,1% de suas receitas no social (ou 1% do lucro, em média), essa organização gasta 100% de suas receitas com o social. O social é a sua missão de ser, ao contrário das empresas que estão com as suas agendas lotadas com a produção de bens e serviços.

Contamos com o seu apoio para manter as instituições vivas e atuantes, voltadas para a sua razão única e essencial: tornar este país mais socialmente responsável.

Stephen Kanitz *é criador da edição Melhores e Maiores da revista Exame, articulista da revista Veja e organizador do prêmio Bem Eficiente para entidades sem fins lucrativos.*

Introdução

CÉLIA VALENTE

Como podemos contribuir para a formação de crianças e adolescentes no Brasil? Nós, do Centro de Estudos e Assistência à Família (CEAF), prestamos atendimento psicológico e socioeducacional a famílias de baixa renda.

O CEAF é uma associação civil sem fins lucrativos. Desde sua fundação, em 1983, tem por objetivo o atendimento psicológico preventivo e terapêutico gratuito a famílias de baixa renda e pouca instrução formal, que não têm acesso a outros serviços dessa natureza. Visamos ao fortalecimento das relações familiares com o objetivo último de promover a saúde mental dos seus membros.

O trabalho é desenvolvido graças à contribuição em horas de atendimento de cerca de noventa profissionais de nível universitário, voluntários, e ao apoio de sócios contribuintes que financiam as despesas básicas da instituição.

Ao longo dos anos, fomos elaborando melhor a compreensão de uma verdade tão simples e tão antiga que chega a passar desapercebida: família é fábrica de gente. É na família que se aprende a ser homem ou mulher, que se aprende a amar, a ter disciplina e a respeitar regras. As outras agências sociais, como a escola, apenas constroem sobre os alicerces da personalidade desenvolvidos nos primeiros vínculos com os pais ou substitutos. Segue-se uma conclusão lógica: uma sociedade que se preocupe com o desenvolvimento de suas crianças tem que se propor a apoiar os pais em seu papel de formadores básicos. Esta é uma questão com vertentes humanistas e éticas, mas também sociais e econômicas. Inúmeros pais

UM OLHAR SOBRE A FAMÍLIA

e mães lutam pela sobrevivência diária e não têm, muitas vezes, recursos psíquicos necessários para dar segurança afetiva e disciplina aos filhos, assim como não conseguem ser modelos de identificação capazes de promover neles autoconfiança, autonomia e alegria de viver.

Acreditamos que problemas como a desagregação familiar, o abandono, os maus-tratos e a negligência com crianças; a promiscuidade sexual, as doenças sexualmente transmissíveis, assim como a gravidez na adolescência, podem ser amenizados com ações preventivas. Buscamos alternativas para a loucura e a violência que grassam em nossa metrópole tão desumana para com seus habitantes. Acreditamos na importância da participação ativa na análise, discussão e solução dos problemas. Nosso objetivo é fortalecer o indivíduo enquanto agente de seu próprio destino.

O CEAF se tornou um centro de referência – estamos criando uma maneira de pensar o atendimento da população de baixa renda. Em 2002, atendemos 1.927 pessoas em projetos distintos, que poderão ser conhecidos de forma mais detalhada nas páginas seguintes.

ACAP – Atendendo a Criança Através dos Pais

Promove o desenvolvimento psicossocial da criança e do adolescente por meio de atendimento e orientação aos pais e/ou substitutos de famílias de baixa renda.

Caminhando

Prepara adolescentes para a vida familiar, amorosa e sexual em seus aspectos éticos, sociais, psicológicos, fisiológicos e anatômicos.

Cine Família

Realiza a projeção e promove a discussão de filmes para famílias de baixa renda. É um espaço de lazer, cultura e integração que propicia a reflexão sobre as relações familiares.

Terapia Familiar

Destina-se a casais e famílias que apresentam situações de conflito ou que estejam vivendo problemas de relacionamento interpessoal.

Outras atividades
- Cursos;
- Seminários;
- *Workshops*;
- Palestras para pais e funcionários nas instituições atendidas.

Quem somos

O voluntário do CEAF é um profissional:

- comprometido com o social, porque acredita na mudança da sociedade também a partir do indivíduo;
- que prioriza o trabalho preventivo;
- que acredita que todo indivíduo tem potencial para ser agente de seu próprio destino;
- dedicado e envolvido com o seu trabalho;
- empolgado com os resultados do trabalho que realiza.

O voluntariado do CEAF é composto basicamente de mulheres, e divide-se em três segmentos:

- profissionais experientes e aposentados;
- profissionais atuantes em pleno exercício profissional;
- jovens estagiários.

Somos, atualmente, 51 psicólogos, dez assistentes sociais, seis pedagogos, três arte-educadores, três estudantes, três fonoaudiólogos, três psicanalistas, três sociólogos, dois biólogos, dois economistas, dois empresários, dois historiadores, dois professores, um bacharel em turismo, um consultor de informática, um industrial e um jornalista.

Essa composição dá força e dinamismo à instituição, porque conjuga a sabedoria das mais velhas, a garra das mais maduras e o arrojo e o questionamento dos mais jovens.

O que nos une

Partimos de um ideal comum: doar algumas horas semanais para trabalhar com a população carente.

Acreditamos que o ser humano se constitui na relação com o outro.

Portanto, nossa via de atuação junto às pessoas atendidas é a qualidade do relacionamento que estabelecemos com elas.

Acreditamos que o trabalho voluntário é uma troca. Por isso o CEAF se propõe a ser um espaço capaz de propiciar o crescimento pessoal de cada voluntário, que será incentivado a desenvolver seus talentos e seu estilo de trabalho.

Célia Valente é diretora de Comunicação e Eventos do CEAF, jornalista e escritora.

A história do CEAF

GILDA CASTANHO FRANCO MONTORO

Dedico este texto à memória de madre Cristina Maria, CSA.

A história e os princípios básicos do CEAF se confundem de certa maneira com a história da minha vida, não só a profissional, estritamente falando, mas os principais símbolos que construíram minha subjetividade e estruturaram minha consciência.

Durante muito tempo me senti e ouvi as pessoas se referirem a mim como mãe do CEAF. Hoje, passados tantos anos e vendo o CEAF com tantos projetos consolidados, uns antigos, outros novos, outros ainda por nascer, confesso que me sinto a avó do CEAF, e é na qualidade de quem viveu e testemunhou aqueles tempos do início, mas ainda está até hoje no batente, que escrevo este artigo.

Atualmente, sou presidente da instituição, mas já exerci este cargo de 1983, ano de sua fundação, a 1989. Minha tarefa está se encerrando, e em 2004 volto para o projeto ACAP, o núcleo primeiro e original da entidade, com o qual me identifico mais.

Ao longo deste texto, contarei casos emblemáticos. Cada um traz em si imagens e temas hoje presentes na ideologia e no trabalho de atendimento da entidade. Durante a leitura, provavelmente alguns se sentirão tocados por lembranças de experiências passadas e o quanto elas os trouxeram por um longo caminho, tão único, subjetivo, particular, até o dia de hoje. Acredito que quem atua no terceiro setor também tenha histórias semelhantes às minhas. Convido-os a interromper esta leitura e deixar as ressonâncias ecoarem, de maneira que minhas lembranças não soem como

20 UM OLHAR SOBRE A FAMÍLIA

uma voz única, mas que possam compor um dueto com as vozes e lembranças de cada um.

Nasci em São Paulo em 1946; vivi em Santos dos 2 aos 10 anos de idade. Sou a filha mais velha de seis irmãos, três homens e três mulheres. Meus pais eram bastante dedicados à família e acreditavam que meninos e meninas tinham direitos iguais, pelo que lhes sou grata até hoje, quando penso o quanto uma educação machista pode reprimir o desenvolvimento de uma mulher. Com tantos irmãos, a realidade da família se impunha sobre todas as outras. Minha convivência diária era principalmente com irmãos, primos e colegas de famílias semelhantes. Isto em princípio poderia trazer uma experiência de vida infantil protegida e monocórdia, na qual as dores e sofrimentos fossem somente os ligados a conflitos familiares e escolares, não fossem certas janelas que às vezes se abriam para o universo mais amplo, possibilitando vislumbres de outros cenários tão diversos de meu mundinho.

Uma outra realidade penetrava em minha vida por intermédio das empregadas domésticas que traziam um cenário misterioso e terrível, onde homens bebiam e cometiam todo tipo de abusos contra as mulheres, o que era chocante para quem convivia só com pais e tios que não só não bebiam, mas também eram doces, afetuosos e freqüentemente dominados pelas mulheres.

Santos, àquela época, já era uma cidade cheia de favelas nos morros, e deslizamentos de barracos, quando chovia, eram comuns. As pessoas perdiam tudo o que tinham e minha mãe ajudava como podia, com alimentos e roupas.

Sempre fui muito ligada a questões de orfandade, abandono e carência afetiva. Convivi intensamente com crianças menores, irmãos e primos e, sendo a mais velha, assumi desde cedo a responsabilidade de cuidar da segurança e do bem-estar dos pequenos durante as brincadeiras. No Stella Maris, colégio de freiras onde cursei a pré-escola e o primeiro ciclo do primeiro grau, eu costumava proteger as meninas mais vulneráveis, que pareciam desamparadas e choravam ao se separar das mães, ou que se intimidavam quando atormentadas pelas colegas abusivas. Eu era uma criança ativa, sempre envolvida em correrias e jogos físicos, e freqüentemente, ao fim do recreio, estava suada, descabelada e, muitas vezes, exibia os joelhos sujos de sangue e o uniforme rasgado por causa das partidas de queimada.

Convivi com famílias de trabalhadores rurais, especialmente nas férias, sempre passadas na fazenda. Brinquei com as meninas, aprendi a cozinhar com suas mães e a arrear um cavalo e tocar o gado com seus pais. Lembro-me até hoje de sensações complexas e contraditórias: a angústia trazida pela empatia, a alegria e o alívio por não estar presa àquele mundo, a culpa por ser privilegiada e ter acesso a tanto que não era permitido àquelas crianças. Naquelas férias na fazenda, também tinha acesso a um mundo adulto, povoado de pessoas com conflitos diferentes de meu dia-a-dia.

- O contador, moço bonito e misterioso, profundamente introvertido e triste, por quem a filha do capataz era tão apaixonada. Um dia fiquei sabendo que sua mãe era leprosa e entendi por que ele era tão atormentado. Naqueles tempos, a lepra ainda era uma doença sem cura e um estigma. Ele temia o dia em que a doença se manifestasse nele.
- A mocinha linda e humilde, casada com o administrador velho, gordo, careca, que se lamentava por servir de doméstica às filhas dele, de passagem por causa das férias. "Num é justo, elas num lava um copo...", dizia. Eu, criança e já tão romântica, pensava: "Por que ela não arruma um moço bonito?".
- O jovem motorista de caminhão que vivia ameaçado de demissão porque era alcoólico e sua mãe que chorava e rezava.
- O tratorista apaixonado por uma prostituta da cidade, que era rejeitada pelas outras mulheres e com quem ele acabou se casando.
- A enfermeira e parteira da fazenda, que contava casos de partos recheados de morte e sofrimento dantesco.
- Crianças, as mais sujas e esfarrapadas de todas, que viviam como bichinhos, (mal) criadas e cuidadas por um pai raivoso porque a mãe havia fugido com outro.

Em 1956, quando minha família se mudou para São Paulo, fui estudar no Colégio das Cônegas de Santo Agostinho, conhecido como Des Oiseaux, uma escola de freiras que tinham grande preocupação em transmitir a doutrina social da Igreja Católica, visando desenvolver nas alunas um senso de responsabilidade em relação à pobreza e à desigualdade. Essa educação também me ajudou a tomar consciência de que eu era uma privilegiada e que, portanto, tinha a obrigação moral de retribuir.

Com 13 anos, comecei a dar aula de catecismo para crianças que moravam em favelas. Foi uma experiência curta, porém marcante. Nós, alunas, íamos sempre com uma freira, que nos instruía quanto à "etiqueta" adequada àquele ecossistema: não devíamos recusar o cafezinho excessivamente adoçado, por exemplo, nem olhar, chocadas, os sinais de pobreza nas casas. Nessa época, talvez, comecei a perceber os perigos e humilhações que podem estar embutidos na ajuda que uma pessoa que se sente superior oferece a outra, julgada carente e, por isso, inferior.

Eu era uma leitora ávida dos livros da biblioteca da minha casa, alguns deles até inadequados para a minha idade. Entre 13 e 14 anos descobri textos sobre Freud e a psicanálise. Rapidamente me apaixonei por aqueles casos e temas fascinantes – o sofrimento psíquico, os problemas e neuroses das pessoas –, e tudo aquilo me parecia da maior importância e interesse. Decidi que um dia iria trabalhar com aqueles assuntos misteriosos.

Com 14, 15 anos, os temas do desamparo e da luta para conseguir proteção e segurança já haviam me fisgado. Declarava que queria casar e ter muitos filhos, mas, se não me casasse, dizia, iria fundar um orfanato para cuidar de crianças sem lar.

Em 1962, um grupo de alunas, das quais eu fazia parte, fundou o grêmio do colegial com o apoio de madre Maria das Graças, freira progressista e nossa guru. Foram anos plenos de atuação política: participávamos dos congressos da UPES (União Paulista de Estudantes Secundários), reuniões da JEC (Juventude Estudantil Católica) e da organização das semanas culturais juntamente com o grêmio do Colégio Santa Cruz. Em 1964, quando houve o golpe de 31 de março, eu era presidente do grêmio do Des Oiseaux e fui injustamente acusada de ser comunista pela mãe de uma aluna. Aqueles eram tempos em que qualquer indivíduo ou movimento preocupado com a pobreza e com as desigualdades sociais era facilmente acusado de comunista e perseguido. O DOPS invadiu a escola durante uma reunião do grêmio, que foi fechado, e tive que fugir pela janela. Amarguei uma sensação de raiva, medo, injustiça e, acima de tudo, impotência. Era a primeira vez em minha vida que uma coisa significativa não dava certo – e isso me ajudou a entender que seriedade, esforço e dedicação às vezes não bastam; muitas vezes é preciso curvar-se frente ao imponderável.

No ano seguinte, quando entrei na Faculdade de Psicologia da PUC/SP, logo tive a sensação que tinha encontrado minha vocação. Eu namorava o André desde os 16 anos, e com ele me casei em 1967, entre o segundo e o terceiro ano da faculdade. Tivemos quatro filhos, os dois primeiros ainda durante meus anos de faculdade. Nossos pais, que haviam sido colegas de faculdade e militantes de Ação Católica, eram muito amigos. Hoje reconheço com clareza e gratidão o quanto fui influenciada pelos ideais de meu sogro, André Franco Montoro (1916-99), então deputado federal pelo PDC e depois pelo MDB, mais tarde senador e governador de São Paulo (PMDB) e, ao final de sua vida, novamente deputado federal (PSDB). Posso perceber o quanto fui nutrida por seu pensamento claro e idealista, pela sua paciência em ouvir e responder perguntas, pela sua disposição em incentivar as forças e iniciativas dos jovens. Há uma frase que ele sempre repetia, atribuindo-a dom Hélder Câmara, que passei a usar nos textos do CEAF desde sua fundação: "Quando uma pessoa sonha sozinha, é apenas um sonho. Quando muitas pessoas sonham juntas, a realidade se transforma".

Em 1967, no terceiro ano de Psicologia, os temas interligados da Privação Materna e Carência Afetiva já haviam me fisgado também intelectualmente. Fiz uma pequena pesquisa com crianças de orfanato usando o teste de Rorschach para estudar sua afetividade, partindo da hipótese de que crianças abandonadas dariam respostas que evidenciariam distúrbios afetivos. Lembro-me até hoje do desespero e desamparo da responsável pelo orfanato: "Muita gente vem aqui para estudar essas crianças, mas ninguém me dá um retorno de como ajudá-las. Você, que vai ser psicóloga, pode me orientar sobre como lidar com tantos problemas?". Na época, eu sabia muito pouco e aconselhei apenas que as cuidadoras fossem carinhosas com as crianças, mas nunca mais me esqueci desse assunto.

Em 1970, recém-formada e mãe de dois filhos, me mudei para New Haven, EUA, onde meu marido foi fazer doutoramento em Economia. Em 1971 fui aceita num curso de mestrado em Psicologia. Tive uma formação ampla, com professores de diversas teorias, e talvez pela primeira vez comecei a aceitar que nunca acharia a "teoria certa" que me faria dispensar todas as outras. Percebi que precisava de múltiplas visões da realidade que se complementassem e ampliassem meu horizonte. Dessa época data também meu gosto por pesquisas na área clínica, e, embora não tenha me tornado pesquisadora, sou até hoje leitora voraz de pesquisas na área de família e conjugalidade.

A linha teórica mais influente no curso de mestrado era a Teoria da Aprendizagem Social, uma variante *light* do behaviorismo, com o qual eu só tinha tido contato anteriormente no Brasil por meio de sua variante skinneriana e radical. Essa linha, junto com outras vertentes behavioristas, que partem do princípio de que a personalidade do ser humano é adquirida por intermédio de aprendizagem, seja de maneira direta no condicionamento clássico e operante, seja por meio da observação de um modelo, conseguia, na época, resultados significativos e pioneiros na clínica psicoterápica, especialmente com fobias e ansiedades, problemas conjugais e distúrbios de comportamento infantil.

Ao mesmo tempo, ao me embrenhar pelo meu tema favorito – o desamparo ligado à carência materna –, descobri a obra de John Bowlby, criador da Teoria do Apego, psicanalista inglês que na época estava virando do avesso o pensamento psicanalítico tradicional, ao incorporar em sua abordagem o Pensamento Sistêmico, a Cibernética, a Teoria da Evolução e a Etologia. Foi paixão à primeira vista! A Teoria do Apego estava sendo construída em 1973, quando escrevi minha tese sobre o comportamento de apego em crianças de 20 meses; nem a minha própria orientadora conhecia ainda a obra de Bowlby. A Teoria do Apego tem como pressuposto a vocação amorosa da espécie humana e demonstra de que forma a qualidade dos primeiros vínculos afetivos serve de alicerce para a construção de modelos mentais do *self*, do outro e do funcionamento do mundo, direcionando toda a formação da personalidade.

A citação abaixo é um bom exemplo do modo claro, simples, porém poderoso do estilo de Bowlby, meu autor predileto:

Muitas das emoções mais intensas surgem durante a formação, manutenção, ruptura e renovação das relações de apego. A formação de um laço é descrita como apaixonar-se por alguém, a manutenção do laço como amar alguém e a perda de uma pessoa querida como sofrer por alguém. Da mesma forma, a ameaça de perda provoca ansiedade e a perda real dá origem à tristeza; todas essas situações podem provocar a raiva. A manutenção inquestionada de um laço é experienciada como uma fonte de segurança, e a sua renovação, como uma fonte de alegria. Como essas emoções são habitualmente um reflexo do estado dos laços afetivos da pessoa, a psicologia e a psicopatologia da emoção são em grande parte consideradas como a psicologia e a psicopatologia dos laços afetivos.

Perda: tristeza e depressão

Percebi que embora fascinada pela Teoria do Apego, eu não seria capaz de abrir mão dos meus outros novos conhecimentos na área clínica – não só algumas propostas behavioristas, mas também as pesquisas inspiradas por Rogers, criador da Terapia Centrada na Pessoa, sobre as qualidades pessoais dos terapeutas que conseguiam bons resultados com seus clientes – ser genuíno, ter empatia e calor humano, ter um olhar positivo sobre o cliente. Essas pesquisas também indicavam (graças a Deus!) que essas qualidades não tinham nenhuma correlação com a teoria seguida pelo terapeuta. As propostas rogerianas também tiveram grande influência na ideologia de atendimento do CEAF, e, ao que tudo indica, estão sendo redescobertas e valorizadas atualmente na terapia familiar pós-moderna.

Passei a me sentir intelectualmente livre, me dei autorização para não me confinar numa teoria como se fosse uma religião exigente de fidelidade – entretanto, confesso que essa foi uma posição mais fácil de aceitar internamente do que de defender entre meus colegas quando voltei ao Brasil em 1974 e comecei a trabalhar em clínica com psicodiagnóstico, orientação a pais e terapia de adultos.

Logo passei a receber crianças encaminhadas por escolas, pediatras, amigos e colegas. Eu fazia um psicodiagnóstico mais ou

26   UM OLHAR SOBRE A FAMÍLIA

menos convencional (com testes de QI, de funções psicomotoras e avaliação de personalidade, com o Rorschach, CAT etc.), mas já com um olho na história de aprendizagem social (com observação de comportamentos em casa e na escola, à moda comportamental) e no modelo mental de apego da criança (por meio da coleta de dados com os pais, resultados de testes e observação da interação pais/filhos). Depois fazia com os responsáveis pela criança o que então se chamava "Orientação a Pais", usando como apoio principalmente a Teoria do Apego e Teoria de Aprendizagem Social, sem ainda usar o referencial da Terapia Familiar Sistêmica, que só vim a aprender mais tarde. Desde o início, adorei trabalhar com relações pais/filhos e com terapia de casais.

Entre 1974 e 81 fiz parte do Centro de Estudos e Análise do Comportamento (CEAC), criado pela psicóloga Sonia Thorstensen,[1] que agregava pessoas que seguiam a Teoria de Aprendizagem Social, como as psicólogas Walderez Bittencourt,[2] Marta Suplicy e Suzana Prado. Entre 1978 e 82, a equipe do CEAC ministrou cursos de especialização em Psicoterapia de Adultos e em Terapia de Disfunção Sexual no Instituto Sedes Sapientiae.

Em 1977 comecei a estudar Terapia Familiar Sistêmica com José Otavio Fagundes,[3] um psiquiatra recém-chegado da Menninger School. Na verdade, eu já conhecia o pensamento sistêmico, conforme era usado pelos etologistas e por Bowlby na Teoria do Apego, mas logo me deslumbrei com as conseqüências práticas da aplicação em Terapia Familiar dessa nova maneira de pensar, tão simples de entender, mas não tão fácil de pôr em prática na clínica.

Passados tantos anos, vejo quanto a Abordagem Sistêmica dos anos 1970 e início de 1980, que tomou a Terapia Familiar de assalto, ao mesmo tempo que a estruturava, pode ser falha ou insuficiente para explicar diversos aspectos da vida familiar, como, por exemplo, questões de poder e controle, de emoção e sentimento, da

---

1.   Fundadora e ex-coordenadora do *Projeto Caminhando* do CEAF.
2.   Fundadora e coordenadora do *Projeto Terapia Familiar* do CEAF.
3.   José Otavio Fagundes praticou e ensinou Terapia Familiar por muitos anos e depois fez formação psicanalítica na Sociedade.

A HISTÓRIA DO CEAF   27

irreversibilidade do tempo. Apesar disso, sua utilidade imediata foi tão grande que, nessa época, tornou-se a moldura abrangente que a maioria dos terapeutas passou a usar para pensar a família – um sistema de vínculos afetivos.

Mais ou menos na mesma época, entre 1980 e 1983, comecei a estudar regularmente Psicodrama com o psiquiatra argentino Carlos F. Calvente. O Psicodrama trouxe consigo um fascínio pela técnica e a constatação da importância do trabalho com grupos, assim como a descoberta da força da imagem e um alerta sobre os limites das intervenções puramente verbais. Entre 1979 e 1982, freqüentei as reuniões do Daimon, instituto onde um grupo de psicodramatistas liderados por José Fonseca estudava diversos autores. Fonseca foi outra influência importante em minha vida profissional, por sua afetividade e seriedade de estudo, pela abertura e respeito com várias correntes de pensamento e pelo valor que dava ao aprimoramento da pessoa do terapeuta.

Por muitos anos estudei o Psicodrama e a Terapia Familiar Sistêmica lado a lado. Eu gostava de todas as teorias otimistas sobre a natureza humana.

A partir de 1979, eu e muitos colegas que eram os terapeutas familiares pioneiros em São Paulo começamos a fazer todos os cursos e *workshops* de Terapia de Casal e Família que apareciam por aqui ou em outras cidades. Passei a encomendar livros aos amigos que viajavam e lia vorazmente, estudando sozinha e em grupo. Nas décadas de 1980 e 90, muitos de nós viajamos diversas vezes para congressos e cursos no exterior como uma maneira de aprimorar nossos conhecimentos e práticas clínicas.

Mas nem por isso desisti dos outros instrumentos teóricos que me serviam de úteis ferramentas de trabalho. Num processo que Piaget chamou de acomodação, passei a reformar cada vez mais depressa meus esquemas teóricos e mentais, já que os antigos não conseguiam mais conter tantas idéias e imagens. Meu trabalho na clínica deu um salto quando comecei a atender todo o grupo familiar em 1978; os resultados foram muito bons e a procura tão grande que logo parei de trabalhar com psicodiagnóstico.

Entre 1974 e 1983, aproximei-me muito de madre Cristina Maria, cônega de Santo Agostinho e coordenadora do Instituto Se-

28   UM OLHAR SOBRE A FAMÍLIA

des Sapientiae, que acabou tendo uma enorme influência em minha vida.

Ela, que me adotou simbolicamente como fazia com tantas pessoas de quem gostava, me deu supervisão gratuita, me incentivou, me deu confiança e me fez ter fé na minha intuição clínica. Tornou-se por diversas razões uma pessoa de grande luz e calor, verdadeiro guru em minha vida pessoal e profissional.

Madre Cristina havia sido uma pioneira no trabalho com pais, um assunto que já era um dos meus interesses centrais. Desde o início dos anos de 1960, ela ministrava cursos de orientação para mães da geração de minha mãe e de minha sogra, e não negou seu apoio à jovem psicóloga aprendiz de suas idéias e apaixonada pelo tema das relações familiares.

Além disso, madre Cristina, que sempre teve uma postura política e social progressista, foi desde o início minha confidente nos sonhos de fundar uma ONG que trabalhasse com voluntários e se dedicasse ao atendimento de famílias de baixa renda. Já era possível perceber que o modelo usual de processo terapêutico num consultório em geral não funcionava com a população de pouca instrução formal e que algo novo precisava ser criado em matéria de atendimento psicológico.

E, por último, ela era muito eclética, não se deixava aprisionar dentro dos limites de qualquer teoria. No Instituto Sedes Sapientiae conviviam cursos de especialização em psicoterapia de várias linhas teóricas. Madre Cristina foi de certa forma pioneira do pós-modernismo em psicologia. Sedes Sapientiae significa em latim "sede da sabedoria", e ela percebia com clareza que a sabedoria não pode ser esgotada por qualquer corrente e que dar liberdade de pensamento e de produção a todas as correntes teóricas equivaleria, a longo prazo, a promover a sabedoria.[4]

Eu diria até que o CEAF foi concebido no início da década de 1980 em nossas conversas na sua famosa salinha. Nessas histórias que hoje conto, que ela possa ser vista como uma bisavó sábia que muitos não conheceram, e que me incentivava. "Você já integrou

---

4.   Logo em seguida, quando comecei a reunir pessoas para a formação do CEAF, foi fácil ter uma atitude de verdadeira aceitação da diversidade teórica porque de alguma maneira eu via que isso funcionava bem no Sedes Sapientiae.

A HISTÓRIA DO CEAF 29

tanta coisa, tanta teoria, precisa agora pôr isso tudo para funcionar com a população de baixa renda", dizia.

Em 1982, quando comecei a reunir pessoas num projeto embrionário que se tornou o CEAF em 1983, eu era uma pessoa que não conseguia trabalhar em terapia individual, casal ou família sem usar os seguintes referenciais:

- Teoria do Apego – John Bowlby e seguidores;
- Visão Sistêmica da Família;
- Diversos conceitos da Teoria de Aprendizagem Social;
- Técnicas psicodramáticas;
- Respeito pela postura terapêutica recomendada por Carl Rogers.

Acredito que não só meus embriões teóricos e técnicos, mas também outros, trazidos por colegas, se desenvolveram ao longo dos anos no CEAF, entidade que tem abrigado todas as correntes e sempre se opôs a qualquer patrulhamento teórico.

No início de 1982, comecei a reunir algumas pessoas da área de humanas na minha clínica para pensar uma maneira de atender a crianças e adolescentes de baixa renda, cujo desenvolvimento biopsicossocial tem sido e continua sendo prejudicado por uma série de circunstâncias negativas. Com base nesse ponto inicial, nos concentramos na proposta de que a melhor maneira de atingir uma criança ou adolescente é fortalecer seus pais ou substitutos, para que possam realizar melhor suas funções de educadores. Assim nasceu o projeto de atender a criança por intermédio dos pais.

No início de 1983 o grupo original havia crescido tanto que já não cabia mais na minha clínica. Fomos acolhidos em nossas reuniões semanais pelo Instituto Brasileiro de Estudos e Ação Comunitária (IBEAC), na Avenida Dr. Arnaldo. Era tanta gente, tanta efervescência e uma desordem criativa! Para organizar um pouco nossos encontros, começamos a fazer a reunião por departamentos – Operações, Ensino, Pesquisa e Administrativo.[5] Os voluntários apareciam e vinham atrás de algo um pouco indefinido, e nós, por ou-

---

5. O Administrativo sempre foi um departamento carente de voluntários, pelo qual quase ninguém, infelizmente, se interessa em trabalhar.

30 UM OLHAR SOBRE A FAMÍLIA

tro lado, tentávamos vender uma idéia ainda nova e um pouco estranha. Muitos não retornavam, mas, apesar disso, o CEAF crescia e se enchia de energia. Essa foi a fase maníaca do CEAF, até que tanta gente, tanto barulho, tanto movimento, começaram a incomodar o IBEAC.

Em outubro de 1983, o CEAF foi oficialmente registrado como uma associação civil sem fins lucrativos e foi eleita a primeira diretoria. Já tínhamos então dois grupos de pais em atendimento e também já havíamos realizado palestras para pais em vinte escolas do Estado, em comemoração do Dia da Criança.

Em 1984 fomos para a Rua Japão, 172, Itaim Bibi, na clínica de uma de nós, Lia Alexander, onde ficamos até 1986. Tínhamos uma reunião geral todas as sextas, das 14 h às 17h30, sempre com uma hora e meia de seminário sobre algum assunto de importância. Os palestrantes vinham do próprio grupo ou eram convidados de fora, e participavam gratuitamente, por simpatia pelos objetivos da instituição. Os temas de estudo eram muito amplos, não só ligados a atendimento psicológico, e exigiam uma abordagem multidisciplinar. Convidávamos pessoas de muitas áreas afins para proferir palestras. Passamos a trabalhar com diversos grupos de pais.

No início de 1984 fomos contratados pela Secretaria da Educação do Estado de São Paulo para implantar um projeto-piloto, "Atendimento ao Educando através do Trabalho com Pais", em três escolas da rede pública estadual. Foi nosso primeiro contrato pago, pelo qual os profissionais recebiam uma quantia módica. Esse trabalho durou a maior parte dos anos de 1984 e 1985, e quando o contrato expirou, continuamos nas escolas gratuitamente, atendendo grupos de pais a pedido dos diretores. Esses foram nossos primeiros grupos fixos de longa duração, e com eles apanhamos e aprendemos muito. Nossa principal frustração se referia à baixa freqüência e à alta rotatividade de participantes. Mesmo assim persistimos e tivemos vários *insights* que se tornaram pedras fundamentais de nossa metodologia de atendimento.

Em outubro de 1984 fomos contratados pela Fundação Estadual do Bem–Estar do Menor (FEBEM) para um ciclo de cinco seminários de quatro horas cada, destinado a cerca de 50 funcionários responsáveis pelo trato diário de crianças e adolescentes. O objetivo

A HISTÓRIA DO CEAF 31

era fornecer-lhes recursos teóricos e técnicos, mas também ajudá-los em suas dificuldades emocionais frente às obrigações diárias.

A avaliação do evento, feita pelos funcionários participantes e pela direção da entidade, foi extremamente positiva. Isso contribuía para nossa fama nascente de entidade séria e com competência teórica e metodológica. O CEAF ganhava respeitabilidade com quem trabalhava com crianças em situações de risco. A idéia de "família, fábrica de gente", expressão que criei pela primeira vez anos depois, passou a ser bem-vista por quem trabalhava nessa área.

No segundo semestre de 1985, o CEAF foi novamente contratado para dar outro ciclo semelhante de seminários para funcionários do Instituto da Família (IAFAM).[6] E, em seguida, para atender três grupos de pais de população de alto risco (psicológico, social e econômico) atendidos pelo IAFAM. As avaliações feitas com os participantes ao final desse trabalho foram bastante positivas. Eles constataram mudança em suas atitudes em relação aos familiares, com aumento da tolerância e paciência, baixa de agressividade, utilização de diálogo para resolução de problemas. Enfatizaram a continência afetiva provida pelo grupo, valorizando o espaço para a troca de experiências. Outro aspecto positivo salientado foi o bem-estar experimentado durante os atendimentos, por se sentirem valorizados como seres humanos, pela atenção, dedicação e orientação recebidas. Mais uma vez, a imagem deixada por nossa entidade foi de seriedade e eficiência.

Com exceção do pouco dinheiro que entrou com esses contratos, a entidade era sustentada por meio de doações mensais de cerca de 80 sócios contribuintes.

Em 1986 tivemos que sair da sede na Rua Japão porque a casa foi posta à venda, e fomos acolhidas pela Igreja Presbiteriana da nossa sócia Sonia Costa, na Avenida Heitor Penteado, Sumaré. Depois ocupamos temporariamente, por um breve período, um apartamento da Thereza Mancini na Avenida Paulista. Em 1987 a Igreja se mudou para a Rua Tomé de Souza, no Alto da Lapa, e lá fomos nós.

---

6. O IAFAM era um órgão da Secretaria Estadual do Bem-Estar Social responsável pelo atendimento a famílias muito pobres e em situação de risco social.

UM OLHAR SOBRE A FAMÍLIA

Durante esses anos, fomos ampliando nosso trabalho com grupos de pais e/ou substitutos. Continuávamos nossas reuniões semanais às sextas-feiras, sempre com um seminário teórico sobre assuntos diversos, seguido de supervisão dos atendimentos. Participávamos de congressos e jornadas de intercâmbio com entidades afins, lutando bravamente para ampliar nosso espaço.

Mas tantas mudanças de sede abalaram muito as forças de uma instituição ainda jovem. Viver sem sede, sempre em casa emprestada, sempre mudando, prejudicava nossa auto-estima, nos deixava inseguros e desanimados. Nesse período, tivemos uma rotatividade grande de voluntários: muita gente entrava no CEAF, freqüentava algumas reuniões, mas não se fixava no trabalho.

Características do modelo de atendimento proposto pelo CEAF

A psicoterapia, pensada e desenvolvida a partir de Freud, é uma técnica afinada às características da classe média. Supõe que um cliente, motivado por seus sofrimentos psíquicos e/ou pelo interesse no autoconhecimento, se comprometa a comparecer uma ou mais vezes por semana, sempre nos mesmos dias e horários, ao consultório de seu psicoterapeuta, para ter sua sessão (em geral individual) de terapia ou análise, a qual quase sempre é predominantemente verbal. A terapia é um processo que costuma ser longo, o que implica uma motivação sustentada, e cada sessão é concebida como um elo de uma longa corrente, elo este cujo sentido depende da dinâmica geral do processo terapêutico. Esse modelo da psicoterapia tradicional geralmente não se adapta bem à população de baixa renda e pouca instrução formal, afogada em problemas concretos e desejosa de algum alívio imediato para suas dores mentais.

Levando isso em conta, na década de 1980 estruturamos as bases de um modelo de atendimento que tem resistido até hoje e servido de alicerce a diversos projetos. É um modelo que tem caráter social e preventivo e procura adaptar-se à ecologia social e cultural da população de baixa renda e pouca instrução formal, tendo por objetivo o fortalecimento das relações familiares, partindo do princípio de que a percepção subjetiva de felicidade de cada ser huma-

A HISTÓRIA DO CEAF **33**

no está intimamente ligada à qualidade e estabilidade dos relacionamentos afetivos que ele mantém com seus seres amados, seus "outros" significativos.

Apresentamos abaixo algumas facetas importantes dessa maneira de pensar o atendimento a famílias de baixa renda:

1. Atendimento preferencialmente em grupo e em local e circunstâncias integrados às condições de vida dos usuários. Acreditamos que existam várias vantagens no atendimento em grupo. A primeira, e mais óbvia, é que atinge muitas pessoas ao mesmo tempo, sendo portanto economicamente mais eficiente. A segunda, e talvez a maior, é que possibilita a participação de todos na solução de problemas individuais, familiares e comunitários. Num grupo de pessoas da mesma origem socioeconômica e cultural, que apresentam problemas e conflitos semelhantes, é mais fácil para cada um se abrir e se sentir compreendido. O grupo detém também grande poder mobilizador e consegue atingir níveis motivacionais que o atendimento individual não permite.

Ao contrário do modelo tradicional de consultório, quase sempre o CEAF procura atender no local de moradia, ou de trabalho, ou na escola; isso facilita a freqüência, diminui a estranheza e fortalece a comunidade. Também evita algumas dificuldades, como falta de dinheiro para condução, tempo, insegurança com locomoção etc.

2. Tenta-se fazer de cada encontro um ato terapêutico com começo, meio e fim.

Desde o início dos atendimentos de grupos de pais nos deparamos com um problema que não sabíamos como enfrentar – irregularidade de presença e alta rotatividade dos participantes dos grupos. Frente a essa realidade, desenvolvemos uma metodologia de trabalho em que cada atendimento tivesse um começo, meio e fim, de tal modo que os freqüentadores pudessem aproveitar cada reunião de maneira independente das anteriores e das próximas. Considerando a irregularidade de freqüência e a dificuldade da população atendida de se engajar em processos de longo prazo, cada reunião precisa ter algum sentido independente de seu encadeamento com todas as demais.

Essa idéia de pensar o atendimento como uma sucessão de atos terapêuticos, sem colocar ênfase no processo terapêutico e no encadeamento de sessões, veio do Psicodrama e da forma como seu fundador, J. L. Moreno, trabalhava com grandes grupos.

3. Utilização de técnicas de dinâmica de grupo que enfatizam o uso de imagens e recursos não-verbais, tais como colagens com recortes de revistas, esculturas, jogos dramáticos, jogos infantis etc.

Por exemplo, um jogo que facilita o autoconhecimento e a auto-revelação no grupo é conhecido como Jogo dos Animais, cuja primeira tarefa é: "Se eu fosse um animal, que animal seria?".

Em seguida, todos os participantes falam dos animais que escolheram para representá-los e explicam e discutem as razões da escolha: "Eu sou um burro de carga, forte para trabalhar o dia todo"; "Eu sou igual a um gatinho, porque gosto muito de carinho"; "Eu sou uma coelhinha, sou envergonhada e medrosa".

Segunda pergunta: "Se eu pudesse escolher, que animal gostaria de ser? Por quê?". Nova rodada de expressão e discussão grupal. "Queria ser um passarinho para voar e ser livre, que nada me amarrasse"; "Queria ser um leão para não ter medo de ninguém"; "Queria ser um gato porque só faz o que é bom para ele".

E por fim: "Qual animal eu não gostaria de ser? Por quê?".

"Não queria ser um gato porque é falso e interesseiro"; "Não queria ser cachorro para ninguém mandar em mim".

Um jogo como este é extremamente eficiente para facilitar a tomada de consciência de importantes aspectos da autopercepção, do ideal de eu e de temas de conflito e desejo de mudança. Muitas vezes um grupo constituído de pessoas analfabetas e semi-analfabetas, com dificuldades de se expressar verbalmente por meio da linguagem abstrata, e que aparenta grave incapacidade de auto-reflexão, consegue um nível profundo e expressivo de simbolização quando se trabalha com metáforas.

Muitas dessas técnicas facilitam a expressão de conflitos independentemente de verbalizações e explicações racionais e, além disso, têm a vantagem adicional de ajudar o grupo a abordar suas dificuldades de modo descontraído, dando aos encontros um caráter lúdico ou de lazer. É interessante notar que quanto mais risadas e diversão houver, maior a freqüência e o aproveitamento.

4. Um objetivo central das reuniões é fortalecer a identidade pessoal dos membros do grupo e facilitar a percepção de cada um enquanto sujeito de seu destino, agente transformador da própria vida.

O coordenador tem uma atitude de respeito com os participantes e incentiva cada um a contar suas histórias, a manifestar sua opinião e a perceber que pode ter atitudes que fazem diferença. Por meio de perguntas, estimula o grupo a conotar positivamente o esforço e as tentativas de mudança e superação dos problemas. "Nessa história que dona Fulana contou, onde dá para perceber que ela é uma mulher de valor, que luta pelo bem das pessoas que ela ama?"; "O que vocês podem dizer para seu Sicrano que o ajude a não desanimar nessa luta?"

No grupo, a pessoa incorpora novas narrativas nas quais se vê como mais sábio, mais forte, com mais recursos e competências do que antes. "Eu sei tais coisas, eu posso fazer isso ou aquilo. Eu sou mais competente do que me sentia", conclui, e isso resulta num fortalecimento da identidade pessoal.

O grupo é um contexto em que a pessoa ressignifica a visão de si própria, da família e das possibilidades de amar e atuar de maneira mais livre e satisfatória.

5. Aspecto psicoeducacional ou socioeducacional de alguns tipos de atendimento.

Dentro da metodologia de atendimento que desenvolvemos no CEAF, em muitas ocasiões o coordenador de grupo se dispõe a transmitir alguma informação. Ensinar pressupõe que alguém, o coordenador, saiba "algo" que parte da população atendida não sabe, e que poderia, deveria ou precisaria saber; ou ainda, acredita-se, teria uma melhor qualidade de vida se soubesse. Esse "algo" é muito variável. Em geral trata-se de temas de interesse dos participantes que estão em discussão no momento.

Pode ser, por exemplo, informações sobre doenças sexualmente transmissíveis, num grupo de adolescentes do Projeto Caminhando. Pode ser também, no Projeto Cine Família, numa discussão sobre maneiras de lidar com alcoolismo, a sugestão de que diversas pessoas se recuperam nos grupos do AA, ou que muitos familiares se sentem apoiados e fortalecidos nos grupos do Alanon. Pode ser ainda, num grupo de pais do Projeto ACAP, a informação de que uma criança criada com incentivo, elogios e afeto em geral cresce mais segura do que se for criada só com críticas e punição.

Em seguida, pede-se a opinião dos participantes. Concordam ou não? Como isso funcionou em sua vida, no papel de filhos, em suas relações com seus pais? Como está sendo agora no papel de pais?

Em todos os casos, o grupo é soberano no encaminhamento das discussões, mas o coordenador ceafiano partilha seus conhecimentos e crenças, buscando sempre manter uma atitude de respeito sem imposição.

Essa postura didática, muito utilizada no atendimento a grupos no início do CEAF, hoje em dia é um ponto mais controverso, especialmente para os terapeutas de família identificados com as abordagens construtivista e construcionista social, que questionam a possibilidade de se chegar a verdades absolutas e acreditam que nossos conhecimentos ditos científicos não passam de um consenso mediado pela linguagem e socialmente construído por observadores privilegiados que detêm o "poder" do conhecimento.

Qualquer abordagem pedagógica ou educacional pode às vezes parecer entrar em contradição com nossa postura de respeito e igualdade com a população atendida. Sempre existe o risco de que quem ensina se sinta superior e use o poder advindo do conhecimento para inferiorizar os usuários com seu suposto saber. A história das civilizações está repleta de exemplos em que um grupo, mesmo que bem-intencionado, oprime e desorganiza outro grupo com suas tentativas de conversão religiosa, imposição de civilização progressista, boas maneiras, moral sexual etc.

Mas na prática é muito difícil manter uma posição de isenção e não-interferência em certos momentos do trabalho. Em muitos grupos de pais, os coordenadores, bem como muitos membros, se sentem profundamente tocados frente a situações percebidas como de alto risco. Crianças duramente espancadas por mães, pais, padrastos e madrastas, crianças que sofrem abuso sexual, mulheres espan-

A HISTÓRIA DO CEAF 37

cadas pelos maridos, situações de tortura psicológica com crianças ameaçadas de abandono, adolescentes de vida sexual promíscua que não usam camisinha.

Algumas dessas situações são mais facilmente discriminadas como certas ou erradas, porque existe uma lei que as define como crimes. Se o ato contraria a lei, como, por exemplo, o abuso sexual infantil, então é mais fácil e menos conflitivo para o coordenador denunciar o perigo e tentar explicar o melhor que puder por que aquilo não é bom para a criança. Outras situações, como por exemplo torturar uma criança com ameaça de abandono, ou a adolescente que transa sem preservativo, não são contra a lei, mas ainda assim mobilizam o coordenador a uma atitude de intervenção. Fatos percebidos como perigo grave com freqüência o motivam a se expressar didaticamente, até mesmo de maneira mais diretiva, embora sempre com uma atitude respeitosa frente às pessoas envolvidas e sempre devolvendo o assunto para a análise grupal:

"O que vocês pensam disso?";

"Que experiência têm com este assunto?";

"Já enfrentaram este problema?"; "Como tentaram resolvê-lo?"; "O que deu certo?";

"Alguém tem uma sugestão de uma alternativa preferível para lidar com esse problema?".

Não acho que esta seja uma questão resolvida. Temos que tomar consciência de que nosso trabalho muitas vezes ocorre num fio da navalha. Vivemos numa dialética constante, mantendo a tensão entre as duas polaridades: por um lado, não agir de maneira superior, ser respeitoso, não usar o suposto saber como instrumento de opressão; por outro, não negar todo o conhecimento adquirido, mesmo que ele deva ser usado de maneira relativa e situacional. Não acredito que haja uma resposta única, mas várias formas alternativas válidas de funcionar nesse *continuum*.

6. Respeito às características do coordenador.

Desde o início percebemos que não seria possível criar ou impor uma maneira única de trabalhar. Os princípios acima são balizas, mas o trabalho de cada voluntário sempre foi respeitado dentro de sua teoria preferida, com as técnicas que considera manejar melhor.

38 UM OLHAR SOBRE A FAMÍLIA

Sempre houve respeito à questão da auto-referência – o que vejo, como vejo, como gosto de trabalhar. Assim, desde o início do CEAF, houve diferenças entre o modo como os coordenadores tocavam seus grupos de pais. Os que já eram psicoterapeutas costumavam trabalhar com o material emergente em cada reunião. Os pedagogos e assistentes sociais em geral preferiam uma abordagem mais didática, estimulavam os participantes a escolher temas que os preocupavam, preparavam material sobre o tema e no encontro seguinte começavam fazendo uma pequena palestra. Os psicodramatistas usavam técnicas expressivas e jogos dramáticos (e os ensinavam a todos os outros coordenadores, porque são recursos que promovem bastante a participação). Os rogerianos tocavam grandes grupos de maneira não diretiva; os junguianos exploravam mitos e o folclore grupal, e assim por diante.

O CEAF cresceu como um local onde se podia falar muitas línguas, todas igualmente respeitadas. Nunca tivemos brigas teóricas nem disputas nessa área.

7. Voluntariado

Esta foi de início uma questão controvertida. Quando fundamos o CEAF, imaginávamos que estávamos começando só com voluntários, mas que um dia a instituição teria contratos com o Estado ou com empresas, e que poderíamos remunerar ao menos parte de nossos profissionais, enquanto outros continuariam doando seu serviço por opção. Isso nunca aconteceu (a não ser pelos contratos com o setor público já mencionados), e muitas pessoas, desanimadas com esse fato, saíram.

Só a partir de meados da década de 1990 é que nos assumimos plenamente como voluntários. O que se pretendia temporário e parcial se tornou definitivo – aliás, uma das principais marcas da nossa identidade.

Verdade seja dita, os tempos ajudaram a consolidar essa opção pela não-remuneração dos profissionais que prestam serviço na entidade. Quando o CEAF foi criado, no início da década de 1980, o terceiro setor não era tão desenvolvido e respeitado como hoje. O voluntariado, com algumas exceções, era tido por muitos como uma atividade em que pessoas sem qualificação profissional e sem ter o que fazer se ocupavam com pouco compromisso e competência, por não terem aptidão para se inserir no mercado de trabalho formal. Antes de conhecer nosso trabalho, o setor público – em especial assistentes sociais da prefeitura e do Estado, e outros funcionários públicos que trabalhavam com a população de baixa renda – nos olhava com desconfiança, como concorrentes amadores e despreparados.

A questão ética e os perigos implícitos sempre foram considerados em primeiro plano. Desde o início tivemos plena consciência de que não poderíamos expor a população de baixa renda, já tão sofrida e justamente desconfiada dos serviços gratuitos de saúde, a um atendimento psicológico superficial, irresponsável, amador e incompetente, nem entregá-la a profissionais dispostos apenas a treinar às custas de um exército de carentes. O atendimento sempre foi atento não só a valores éticos, mas também à importância do treinamento, de reuniões semanais de estudo teórico e supervisão.

Vale aqui contar um caso que ilustra um pouco os dilemas do trabalho não-remunerado. Em 1994 o CEAF conseguiu um convênio pago com o Ministério da Saúde para trabalhar com a prevenção de DST/AIDS e com assistência psicológica a familiares de portadores do vírus HIV. Ao contrário da maioria absoluta de nossos trabalhos, esse foi remunerado, e a porcentagem do dinheiro que entrou para a instituição foi providencial para nossa sobrevivência. Só que, quando o convênio com o Ministério da Saúde terminou, e o dinheiro deixou de entrar, a quase totalidade dos profissionais que participavam do projeto, inclusive a coordenadora, saíram do CEAF, não se conformando em trabalhar mais de graça.

Paradoxalmente, isso me fez pensar que era mais fácil trabalhar com uma situação clara e definida, em que todos seriam voluntários e não haveria expectativas de ganho financeiro, apenas expectativas de ganho emocional, ideológico e de aprendizagem. Desistimos da meta de conseguir dinheiro para pagar os profissionais do CEAF e nos concentramos em obter verba só para pagar funcionários da área administrativa e de manutenção.

No início do século XXI, pertencer ao terceiro setor é motivo de orgulho para a maioria das pessoas, mesmo que sem remuneração, como é o nosso caso.

40 UM OLHAR SOBRE A FAMÍLIA

Entre 1986 e 1988, fiz parte de um grupo de estudos de Terapia Familiar Sistêmica com diversas colegas pioneiras na área. Durante esses anos, estruturei melhor minha compreensão da família enquanto um sistema de vínculos afetivos e tentei aplicar essas idéias e conceitos de maneira didática nos seminários que dava com freqüência no CEAF. Nesse grupo de estudos estavam pessoas que, em seguida, fundaram os primeiros institutos de formação em Terapia Familiar de São Paulo, como, por exemplo, Sandra Fedullo Colombo,[7] Janice Rechulski,[8] Flavia Stockler e Tai Castilho (Instituto de Terapia Familiar de São Paulo), Maria Rita Seixas (Escola Paulista de Medicina), Mathilde Neder, Rosa Macedo e Ceneide Ceverny (Núcleo de Família e Comunidade PUC-SP), Marília de Freitas Pereira (Familiae).

Fui presidente do CEAF de sua fundação, em 1983, até 1989, quando pedi licença para voltar aos estudos. Eu havia me candidatado e sido aceita para fazer formação junguiana pela Sociedade Brasileira de Psicologia Analítica (SBPA), e o curso de quatro anos e uma carga horária pesada me levaram a um afastamento temporário. Foram anos muito ricos nos quais me dediquei a estudar somente o fascinante pensamento de Jung e seguidores. Ao final do curso, o tema de minha monografia foi a integração da Teoria do Apego com conceitos junguianos. Nessa época, tive a oportunidade de estudar novamente, com maior profundidade, os efeitos adversos da má qualidade, carência ou privação de figuras de apego sobre o desenvolvimento da personalidade das crianças e adolescentes. De certa maneira acumulei mais compreensão e recursos teóricos para voltar ao CEAF com novas forças para a ação prática.

Durante meu afastamento, Clélia Borges Pereira e Maria Cecília Lima Pereira de Queiroz Telles assumiram a presidência do CEAF (respectivamente em 1990-91 e em 1992-93), em um momento crítico da instituição. Conta Maria Cecília:

O CEAF era nômade, não recebia doações e a gente trabalhava como era possível. Era um grupo de uns dez ou quinze voluntários e

---

7. Hoje no *Sistemas Humanos: Núcleo de Estudos e Prática Sistêmica*.
8. Hoje no *Sistemas Humanos: Núcleo de Estudos e Prática Sistêmica*.

A HISTÓRIA DO CEAF   41

atendíamos seis ou sete grupos grandes. Eu era diretora, mas era também secretária, *office-boy* e mais um pouco. Fomos batalhando e solicitamos verbas à Secretaria do Bem-Estar para organizar uma sede, comprar material, comprar um computador, enfim, para manter uma estrutura. A verba foi até aprovada, mas, como não foi liberada dentro do ano, ficamos sem os recursos. Minha vontade era ver os projetos andando, ter uma sede – enfim, eu tinha um sonho de que um dia tudo isso se concretizasse, mas, na realidade, na minha gestão, tínhamos um monte de coisas engatilhadas que não foram para a frente. Foi uma frustração. Foi quase o fechamento.

Em 1994, reassumi a presidência. As enormes dificuldades enfrentadas, a falta de sede e as inúmeras mudanças tinham minado as forças das poucas voluntárias que lutavam para evitar o fechamento e dissolução da entidade, lideradas por Maria Cecília e Sahra Yaroslavski, então supervisora dos atendimentos. Começamos a nos reunir em minha clínica, buscando o renascimento e a reestruturação da instituição. Aos poucos várias colegas foram se chegando e assumindo diversas responsabilidades.

ACAP, o primeiro projeto

Até 1994, o grosso das atividades do CEAF se concentrava em um único projeto, o ACAP – Atendendo a Criança Através dos Pais, que se dedicava a grupos de pais e/ou substitutos.

Ainda hoje, esse projeto segue a tradição dos primeiros programas de atendimento a famílias de baixa renda do CEAF. Partindo do princípio de que a "família é fábrica de gente", propõe-se a oferecer atendimento aos pais ou pais substitutos, ou seja, às figuras de apego com um papel fundamental na construção da subjetividade das crianças. Além de conscientizá-los da importância de seu papel e de suas responsabilidades no desenvolvimento emocional de seus filhos, temos como objetivo primordial o fortalecimento de sua identidade pessoal, auto-estima e autoconfiança, possibilitando a formação de vínculos afetivos mais estáveis e gratificantes, assim como melhor comunicação entre os membros da família. O público atendido é composto de pais e/ou pais substitutos de famílias de baixa renda, vinculados a escolas, creches ou comunidades de bairro, assim como de atendentes de creche e profissionais que trabalham em instituições, responsáveis pela guarda e formação educacional

42 UM OLHAR SOBRE A FAMÍLIA

de crianças e adolescentes. O nome do projeto é auto-explicativo, pois, indiretamente, atendemos as crianças e/ou adolescentes sob seus cuidados.

Esses atendimentos são realizados em local e horários adequados às condições de vida dos usuários. Trabalhamos com a discussão de temas que emergem muitas vezes das histórias pessoais dos participantes, como, por exemplo: desamparo, medos, insegurança afetiva, agressividade, limites disciplinares, sexualidade, conflitos amorosos e de relacionamento, casamento/conjugalidade, abuso, violência, alcoolismo, dependência química etc.

A freqüência feminina nos grupos atendidos é muito maior do que a masculina, sendo que alguns grupos são constituídos somente por mulheres. Grande parte dos freqüentadores é muito pobre. A porcentagem de analfabetos chegava a 50% vinte anos atrás; hoje é um pouco menor. Em alguns grupos os temas da miséria e da privação são assuntos constantes, embora não tão freqüentes como quando começamos a atuar, na grande crise econômica do início da década de 1980. O trabalho é desenvolvido por uma dupla de voluntárias: em geral uma mais experiente e a outra, aprendiz.

Cada grupo desenvolve um processo particular, cresce e se organiza no decorrer dos encontros. Alguns grupos, na maior parte das sessões, e outros grupos, em algumas sessões, evoluem num processo grupal coeso, absorvem vários tipos de problemas paulatinamente. Coordenadores e participantes partilham a tarefa de fornecer o continente grupal aos problemas e sentimentos de cada indivíduo do grupo. Aos poucos, cada indivíduo vai desenvolvendo sua capacidade de participar ativa e criativamente nas reuniões, de tal maneira que se pode perceber um movimento espiral, de ir e voltar para os mesmos assuntos, cada vez com maior profundidade. Nota-se um mecanismo crescente de maior consciência, maior atividade, pois o processo grupal fortalece em cada um a percepção de que sabe coisas e pode atuar. Para quem observa o nascimento e desenvolvimento de um grupo ao longo dos meses, fica claro quanto a participação comunitária fortalece a identidade de cada um.

Entretanto, nada do que se possa estudar ou discutir nas reuniões teóricas de estudo e supervisão pode preparar os voluntários para o impacto de marcantes experiências vivenciadas nos grupos.

Percebidas como "Becos sem Saída", provocam sentimentos de desorganização e de impotência nos coordenadores. Essas reações ocorrem em maior ou menor grau em vários profissionais, diante de situações caracterizadas por:

- intenso sofrimento ou ameaça de sofrimento;
- perigo grave (por exemplo: de vida, de perda de saúde ou desvio patológico de personalidade);
- percepção por parte do coordenador de Beco sem Saída; sensação subjetiva de que a vida se fecha, que morre a esperança, não há como escapar, é o fim do caminho.

Alguns conteúdos se revelam particularmente perturbadores para os voluntários, por mais experientes que sejam:

1. *Violência no ambiente externo* (assassinato, roubo, estupro, espancamento e ferimentos, delinqüência):

"Mataram meu sobrinho com um tiro na boca; todo mundo sabe quem foi e ninguém conta para a polícia de medo dos marginais que apavoram todo mundo no bairro."

"Eu tranco meus filhos quando vou trabalhar porque tem muitos delinqüentes lá... o meu mais velho ficava solto e já virou marginal."

"Pegaram minha filha e fizeram mal a ela, tinha 5 anos e acabou morrendo".

2. *Violência intrafamiliar* (assassinato, estupro, espancamento):

"No Natal vai fazer dois anos que meu marido matou meu filho mais velho. Ele tinha 17 anos e me defendia quando o pai chegava bêbado e me batia. Meu caçula, que hoje está com 12 anos, viu o pai dele matar o irmão, até hoje está revoltado. O meu marido fugiu, tá morando no Embu com outra mulher."

"Daí me dá uma coisa, eu pego esse meu filho que é bobo e bato até cansar e tirar sangue. As vizinhas me dizem que é errado, eu sei, mas ele é bobo, não entende; me dá uma raiva, me dá uma coisa e eu bato nele."

"Meu marido fez mal às filhas dele no primeiro casamento, uma já teve até um filho com ele, ele queria viver com elas dentro da minha casa; daí eu fugi com meus filhos, de medo que ele fizesse o mesmo com minha menina que está com 10 anos. Daí ele me jurou de morte, mas estou escondida na casa da minha tia."

3. *Miséria e privação absolutas* (desemprego, fome, frio, ficar ao relento, doença):

"Quando eu vim para São Paulo, a gente morou embaixo da ponte, daí morreu dois, e dois eu dei. Fiquei com três, mas um é doente, tem ataque."

"Meu filho levou um tiro no pé e fiquei cinco dias com ele em casa porque não tinha dinheiro pro táxi pra levar pro hospital."

"Nós tá comendo da lata do lixo."

"Os ladrões levaram meu cobertor, ninguém dorme à noite, chove no barraco."

4. *Intenso abandono, rejeição e desamparo, injustiça grave contra crianças:*

"Essa minha filha, eu não gosto mesmo dela, já falei pra ela que era melhor que tivesse morrido, eu tentei abortar ela e não consegui. Bato mesmo nela e digo que tenho nojo dela. Só agrado o menino."

"Quando ele me enche eu digo que vou dar ele e ele fica doido, começa a chorar."

Todas essas situações, quando aparecem em grande intensidade ou freqüência num determinado grupo, podem provocar nos facilitadores (mesmo aqueles com anos em experiência de psicoterapia), fortes sentimentos de impotência e desorganização, causando reações diversas:

1. paralisia total, perda de ação;
2. fuga e esquiva: tentativas de mudar de assunto e diluir a carga dramática;
3. manifestações variadas de onipotência;
4. distanciamento por meio de intelectualização e racionalização.

A HISTÓRIA DO CEAF   45

Nossa experiência mostra que essas diversas reações aparecem em momentos diferentes, dependendo da intensidade e gravidade da situação "Beco sem Saída" e também da personalidade do facilitador. Algumas pessoas, por exemplo, são muito continentes em situações de desamparo, porém se desorganizam com facilidade diante de situações de violência física, ou vice-versa. Acreditamos que todas essas reações são normais e comuns.

Por isso nunca é demais enfatizar a enorme importância de trabalhar sempre com dois coordenadores. A parceria aumenta a probabilidade de que um venha em socorro do outro que se desorganiza, de fazer rodízio de funções, de funcionar de maneira complementar criativamente (por exemplo, um mergulha no movimento grupal e o outro fica de fora e joga a corda quando o primeiro começa a se afogar).

E o que fazer numa hora dessas?

Em primeiro lugar, nossa experiência do ACAP nos mostra que é muito importante que o facilitador possa perceber, reconhecer como seus e aceitar esses mecanismos quando eles ocorrem (por isso ajuda muito ter nos grupos um observador do CEAF que registre a sessão, para analisar depois o que aconteceu). A consciência e a discriminação são um primeiro passo para a elaboração – aquilo que a consciência consegue contar, ela começa a trabalhar para resolver.

Além disso, queremos propor que toda defesa é necessária e traz em si o germe de uma postura saudável de lidar com o problema.

A primeira reação analisada – paralisia total, perda de ação – pressupõe uma identificação tão grande com o sujeito do problema, que o facilitador fica incapacitado. Se por um lado todos concordamos que tal grau de identificação bloqueia a ação, por outro lado é bom lembrar que uma profunda empatia e o saber e poder deixar-se tomar pela dor do outro são grandes qualidades e um ponto de partida valioso para quem lida com sofrimento humano. Sem isso, é impossível começar.

O segundo tipo de reação – fuga e esquiva: tentativas de mudar de assunto e diluir a carga dramática – tem elementos comuns com uma postura de prudência, de saber enfrentar as dificuldades certas na hora certa e não atacar moinhos de vento. Uma das grandes con-

UM OLHAR SOBRE A FAMÍLIA

tribuições da psicologia da aprendizagem foi demonstrar que um problema muito grande precisa ser quebrado em problemas menores para ser resolvido; que sem uma abordagem de aproximações sucessivas e pequenos passos muitas dificuldades são intransponíveis. Nesse sentido, a postura de se proteger, tomar alguma distância do problema e depois tentar atacá-lo por partes é uma atitude prudente e construtiva para quem lida com sofrimento humano.

O terceiro tipo de reação – manifestações variadas de onipotência – consiste num otimismo mágico e irrealista. Entretanto, ninguém negaria que um otimismo realista e uma postura de persistência são atitudes desejáveis por parte de um facilitador de grupo. Os conteúdos trazidos pelos membros são muitas vezes, simbolicamente, conteúdos de morte, e a tarefa do coordenador é não só ser capaz de ser continente dessa morte, mas também sustentar a chama da vida e da esperança, não deixando que a morte prevaleça sobre a vida.

O quarto tipo de reação – distanciamento por meio de intelectualização e racionalização – mostra uma tentativa de apreender a realidade em termos abstratos e racionais. A razão e a inteligência em si são coisas boas, desejáveis e absolutamente necessárias; as construções teóricas nos ajudam a voltar para a ação prática com mais instrumentos e maior motivação. A intelectualização só é má se serve para distorcer ou mutilar a realidade, arrancando ou escondendo elementos essenciais à sua compreensão.

Portanto, em cada postura defensiva existe não só um mecanismo de estagnação e bloqueio, mas também a possibilidade de uma saída criativa.

Perante situações em que o profissional se sente desorganizado e impotente, merece elogios quem consegue entender e aceitar o sofrimento de outro ser humano, ser vaso continente para a situação-limite, olhos nos olhos. Além disso, devemos sempre confiar nos mecanismos de solução de problemas que existem em cada grupo. O facilitador, como bem diz seu nome, tem que "facilitar" a ação dos membros do grupo para que possam compreender, aceitar e ajudar a resolver seus problemas. Nossa experiência no ACAP nos mostra que nessas horas muitas vezes os participantes se mobilizam

A HISTÓRIA DO CEAF   47

com depoimentos pessoais que oferecem ajuda e esperança. Quantas vezes surgiu, da ação grupal, uma porta (ou pelo menos uma janela) no "Beco sem Saída"!

Coordenei o projeto ACAP de 1995 a 1999, organizando seminários, aulas e supervisões, quando saí para assumir mais uma vez a presidência; desde 2000 a coordenadora é Maria Cristina Gil Auge, psicóloga e psicoterapeuta de grande sensibilidade, com notável intuição clínica, uma paixão pelo tema da saúde mental de bebês, e capacidade de incentivar os talentos das voluntárias que lidera. Passo a ela a palavra sobre o ACAP:

O trabalho é sempre desenvolvido por uma dupla de voluntárias. Procuramos atender às demandas do grupo e promover a participação de todos, objetivando o desenvolvimento pessoal, a aceitação das diferenças e o aprimoramento dos relacionamentos familiares e sociais. Consideramos cada reunião de grupo um encontro com início, meio e fim. Há semanas em que um grupo chega a ter 30 pessoas, mas, na semana seguinte, pode ter apenas cinco, caso chova ou faça frio. Muitas vezes uma pessoa chega, conta a história de sua vida e deixa todos preocupados, mas, na semana seguinte, não aparece para dar continuidade ao trabalho... Isso se deve às dificuldades da população atendida, não apenas falta de dinheiro e de tempo, mas também de engajar-se em processos de maior duração. Nas reuniões, procuramos utilizar técnicas de comunicação não-verbal, como dinâmicas de grupo, jogos e dramatizações, trabalhos manuais, recorte e colagem, modelagem, pintura etc. Nossa prática tem comprovado que essas atividades constituem o meio mais eficaz de facilitar a expressão. Por seu caráter lúdico e prazeroso, servem como um espaço intermediário para o estabelecimento de vínculos no grupo e para um contato maior do indivíduo consigo mesmo, com seu mundo interior. Por solicitação das instituições, também são ministradas palestras a pais e professores sobre temas diversos, que ocorrem no auditório do CEAF ou nas instituições.

Essa última atividade, o ACAP Palestra, é liderada pela psicóloga Nair de Oliveira Mendes, um das mais antigas e dedicadas voluntárias do CEAF, que tem um enorme gosto por trabalho com pais e inabalável crença na fecundidade de uma abordagem pedagógica com relações familiares.

Tipos de grupos atendidos no ACAP

- Grupos de pais e/ou figuras de apego substitutas (avós, tios, irmãos mais velhos etc.). Este é o tipo de grupo mais freqüente nos 20 anos de existência do CEAF.
- Atendentes de creches: análise, discussão e elaboração dos problemas enfrentados por profissionais que atendem crianças de 3 meses a 5 anos.
- Grupo de pais sociais: pais substitutos, membros de uma instituição que, por determinação judicial, recebe crianças e adolescentes, cujos pais perderam o poder familiar, para possível adoção.
- Grupo de adolescentes gestantes: 1) palestras multidisciplinares; 2) oficina de artesanato de crochê e tricô (sapatinhos, mantas etc.) concomitante com conversas sobre suas questões pessoais, angústias e conflitos, problemas do bebê, da maternidade e com o pai da criança.
- Grupo "De Bem com a Vida": pessoas com mais de 65 anos, com queixas médicas (hipertensos) e vários sintomas psicossomáticos. Este grupo retoma histórias pessoais e músicas da cidade e está vinculado a uma escola do bairro.
- Grupo de familiares de portadores de deficiência mental: pais e irmãos de pessoas que, por limitações, se tornam dependentes de um membro da família. Conflitos, angústias e dores profundas emergem nas discussões do grupo.
- Grupo de familiares de alcoólatras: segue o modelo anterior.

Maria Cristina conta:

O que me interessou no ACAP foi a idéia de um trabalho preventivo. Tenho uma formação em que a orientação psicanalítica e a prática clínica predominam, e essa era uma maneira de não ficar apenas no consultório. Estou nesse projeto como voluntária desde 1996 e como coordenadora desde 1999. O objetivo de atender os pais para atingir os filhos é alcançado, e o trabalho realmente provoca mudanças nas relações, porque os pais voltam à infância e resgatam suas histórias. É difícil falar com pais quando eles idealizam o filho, mas, quando o enxergam, é bem mais fácil. Eles revivenciam experiências que viveram com os pais, e isso faz com que se dêem conta de quanto repetem as atitudes paternas. A questão dos vínculos afetivos é o que mais chama a atenção em todos os grupos atendidos pelo ACAP, porque as pessoas têm uma dificuldade muito grande de se vincular, e os vínculos parentais também são comprometidos em função disso. Quando conseguimos ajudá-los a transformar um pouco a realidade, isso também é ótimo para nós, voluntários. É bom perceber que nossa presença é um agente transformador positivo na realidade das famílias de baixa renda com as quais lidamos. Senão, não valeria a pena trabalhar com isso. Numa creche onde trabalhei, a freira administradora concedeu uma verba especial para comprar uma barra de balé e um espelho. Até então, não havia espelho na instituição. Foi uma surpresa quando vimos uma das crianças se olhar no espelho pela primeira vez! Era uma coisa mágica! Ela percebeu que existia...

Caminhando

No segundo semestre daquele mesmo ano, 1994, minha amiga Sonia Thorstensen, que imprime a tudo o que faz sua impressão digital de inteligência, seriedade e determinação dos conquistadores *vikings*, de quem descende, iniciava uma nova frente no CEAF: o Projeto Caminhando. Sonia, que já tinha uma formação na área de sexualidade, imaginava trabalhar com uma população de adolescentes de baixa renda. Para sua surpresa, doze psicólogas que já atuavam no CEAF se mostraram interessadas no tema da sexualidade do adolescente, e assim começou o primeiro núcleo do Caminhando:

Começamos a nos reunir, e logo ficou claro para mim que seria um grupo com uma orientação psicanalítica, porque é nesse campo que eu transito. Sabia que teríamos que lidar com temas tão explosivos como sexualidade, família, adolescência e baixa renda. Pensei: "Tenho uma teoria, tenho pessoas que podem me ajudar me dando supervisão. Vou seguir a teoria que sigo na minha vida profissional, como outros grupos do CEAF seguem outras, mas não vejo possibilidades de trabalhar com sexualidade de adolescente sem ter um embasamento teórico sólido, qualquer que seja a orientação". Acho que uma das coisas que consegui foi agrupar as pessoas em torno dessa idéia.

Começamos muito humildemente e fomos aprendendo com as primeiras voluntárias, construindo um jeito de ser. Trabalhar com uma população que falava de assassinatos, abortos, de feto pendurado

50 UM OLHAR SOBRE A FAMÍLIA

no varal – uma história complicada que ficou paradigmática – nos dava medo. As orientadoras nos traziam questões que surgiam nos seus grupos e nós, que devíamos lhes dar colo, dar continente para as ansiedades, respostas, ficávamos tão atônitas e tão perdidas quanto elas.

A história do feto no varal aconteceu em um dos nossos primeiros cursos. Umas meninas contaram à orientadora que, na favela onde moravam, um feto havia sido encontrado na vala do esgoto, no meio da rua, do barro, e alguém, por compaixão ou respeito, o havia levantado e pendurado em um varal. A voluntária que estava atendendo aquele grupo, historiadora, não sabia lidar com a situação (na verdade, no grupo, ninguém sabia lidar com isso, muito menos eu). Era a banalização da vida e a banalização do ser humano. Ao longo do tempo, muitos outros grandes problemas apareceram – assassinatos, tráfico de drogas, meninas grávidas de fetos deformados –, mas o feto no varal virou um símbolo das coisas difíceis que tivemos que enfrentar. A partir dessa experiência, entendemos que o trabalho junto aos jovens passa pela valorização do ser humano e da sexualidade. Só assim vamos conseguir mais dignidade.

É claro que todos dizem que é preciso ter um bom relacionamento com os jovens atendidos, mas Sonia e sua equipe acreditavam que só haveria mudanças no comportamento deles se conseguissem qualidade na relação com eles. Passada quase uma década desde os primeiros passos do Caminhando, a equipe conta:

Queremos ser objetos de identificação positiva, para que eles possam nos ter como referenciais, como modelos, como figuras de identificação, muito mais do que ensinar A ou B. A questão transferência é fundamental. Isso significa que as voluntárias – psicólogas ou não – não assumem uma postura de professoras, mas de adultos que ajudam a pensar.

O Caminhando presta serviço à população de determinado bairro, como uma escola profissionalizante ou clube de mães, e atende semanalmente por um tempo que varia de uma hora e meia a duas horas. Algumas instituições formam grupos que mudam a cada quatro, seis ou doze meses, e os atendimentos abrangem diversas faixas etárias e de aprendizado, embora haja duas faixas predominantes: entre 9 e 14 anos e entre 14 e 18 anos. Se, por um lado, há jovens entre 9 e 24 anos, há, também, nos mesmos grupos, moças de

A HISTÓRIA DO CEAF 51

15 e meninas de 10 anos que apresentam os mesmos níveis de escolaridade, o que, de certa maneira, torna a diferença de idade menos relevante. Dependendo da instituição, há grupos femininos, masculinos e mistos.

Cristina Prado, atual coordenadora do projeto, atende um grupo de 16 meninos de 11 a 12 anos e é supervisionada pelo psicanalista Sidnei Artur Goldberg, único voluntário do sexo masculino do Projeto Caminhando. Ela explica:

> Somos um grupo de mulheres. Queríamos abordar esses meninos de maneira mais adequada. Com a presença masculina na supervisão, que começou há apenas um ano, diversos aspectos passaram a ser questionados, como, por exemplo, a linguagem e o material usados com o grupo de jovens do sexo masculino. Nós tínhamos figuras do corpo humano tiradas de livros antigos em preto e branco. Era uma coisa muito distante. O Sidnei nos mostrou que esses meninos estavam pedindo para ver um corpo, e não um contorno em preto-e-branco. Os meninos pedem abertamente. A relação das meninas com o corpo humano é diferente. Elas aceitam figuras em preto-e-branco. O material didático empregado mostrava os genitais femininos em cortes transversais, ilustrações que os adolescentes não visualizavam direito e que davam margem a brincadeiras. O supervisor sugeriu que mostrássemos fotos de revistas de grande circulação, porque expõe o corpo como ele é. Eles conseguiram entender.

Outro padrão de conversa se instalou. Diversas questões que passavam pela cabeça dos jovens, como a hora de começar a vida sexual, de se relacionar com o sexo oposto, com a homossexualidade, surgiram espontaneamente. Segundo Sidnei,

> Aos 11 anos, eles já conhecem absolutamente tudo sobre sexualidade do ponto de vista científico. Falar de "bolsa escrotal" é intragável. Na televisão, fala-se simplesmente "saco", e é isso que agrada as crianças e desperta seu interesse. Os programas populares têm graça porque mostram o lado divertido, malicioso, e falam como o povo fala. Percebemos que os meninos engoliam as palavras porque tinham vergonha das orientadoras. Isso tinha de mudar.

E por que as meninas se satisfaziam com explicações científicas e teóricas e os meninos não as entendiam bem? Sidnei explica:

O recalque com relação à sexualidade é o mesmo para todos, mas acho que elas aceitam melhor e não se rebelam como os meninos. Por mais que tudo tenha mudado de uns tempos para cá, mudou mais rápido para as mulheres do que para os homens – mas elas partiram de um ponto bem diferente. Os homens têm um comportamento mais agressivo.

O Projeto Caminhando também trabalha com arte-educação, instrumento que facilita a expressão de temas que são muito difíceis para os jovens. "Ajuda a elaborar e a achar novos significados. Nesse sentido, a arte-educação é terapêutica, embora não seja uma terapia", explica Maria Lúcia Bighetti Fioravanti, coordenadora da área. Nas aulas, fala-se um pouco de tudo enquanto se desenha, pinta, recorta. Maria Lúcia conta que, certa vez, conversava com os jovens sobre móbiles – "não se pode pôr muito peso nem de um lado nem de outro" – e assim foi mostrando a importância do equilíbrio e, logo, pôde falar do equilíbrio na vida. "Nas aulas de arte, existe um trabalho que começa na organização da sala, do material, o que auxilia essas crianças a se estruturarem internamente", explica Sonia Thorstensen.

Os orientadores do Caminhando se colocam de uma maneira muito plena diante dos alunos. "Não estão de passagem, não são apenas pessoas que dizem: 'Façam assim'. Eles caminham juntos", diz Rosely Pennachi, psicanalista que, como voluntária, dá supervisão às orientadoras. "Por isso, na medida em que se estabelece uma boa relação, é possível falar de tudo, com muita tranqüilidade." O fato de existir uma supervisão séria dá muita segurança às orientadoras diante das suas próprias questões.

Liderado por Sonia com competência e entusiasmo entre 1994 e 2002, o Caminhando tem obtido um imenso sucesso em diversos critérios: em número de voluntários, na seriedade de estudo e preparo teórico e técnico, na qualidade do atendimento prestado, em pesquisas pioneiras e valiosas, e no imenso número de grupos de púberes e adolescentes atendidos, grande parte deles em escolas profissionalizantes. O projeto inovou em diversas frentes de trabalho – entre elas o uso de técnicas de arte-educação – para melhor atingir seus objetivos. Acho que uma das coisas interessantes do Caminhando é que a clientela fixa – diferentemente do ACAP, que

A HISTÓRIA DO CEAF   53

está acostumado a trabalhar com grupos abertos – permite uma programação de médio e longo prazos. Uma aula, como é chamado o encontro, pode ter um enfoque mais pedagógico do que terapêutico, como são os encontros do ACAP. Por outro lado, a clientela do Caminhando é composta por jovens que freqüentam a escola, ou seja, são ao menos alfabetizados e têm um nível de instrução formal superior ao do que se pode observar nos grupos do ACAP, onde grande parte dos membros é analfabeta ou semi-analfabeta. O trabalho admite pesquisas por meio de questionários, o que traz bons resultados.

A nova sede

Em fevereiro de 1995, um acaso paradoxal abriu a possibilidade de se obter uma sede para o CEAF. No plenário da Câmara dos Deputados em Brasília, durante a posse dos deputados recém-eleitos, fui apresentada ao então prefeito de São Paulo, Paulo Maluf. Conversávamos sobre qualidade de vida na cidade de São Paulo, e, ao saber que eu trabalhava numa ONG, ele se dispôs a nos ajudar. Aproveitei a oportunidade e falei da nossa imensa necessidade de uma sede. Algumas semanas depois, um imóvel da prefeitura, no bairro do Alto da Lapa, nos foi oferecido. Embora fosse uma construção muito deteriorada, nossa alegria foi enorme. A prefeitura ainda nos forneceu uma verba para a reforma, que se deu em dois estágios, e em agosto de 1996 nos mudamos para nossa atual sede. Confesso que, após uma vida de posições políticas contrárias às de Paulo Maluf, desde então sinto que tenho uma dívida de gratidão pessoal para com ele. Após anos sem teto, finalmente conseguimos uma casa própria, aliás excelente.

A psicóloga Maria Helena Bueno, presidente do CEAF em 1996-97, se dedicou com grande eficiência e intensidade à reforma da sede. Conseguiu verbas, doações, equipamentos – enfim, sinto que nossa casa não seria o que é sem seu trabalho. O CEAF deve muito a ela e à sua enorme energia, focada em questões institucionais e administrativas.

Ela conta:

Como é que nasceu a idéia de termos uma sede? A idéia sempre esteve presente, e como não tínhamos dinheiro, só com a ajuda do poder público, tinha que ser um imóvel doado ou emprestado. Fomos, a Gilda e eu, a uma audiência com o então prefeito, Paulo Maluf. Ele nos indicou um departamento da prefeitura onde se podia examinar a situação de imóveis disponíveis. Àquela época, havia três ou quatro imóveis fechados que a prefeitura poderia nos ceder, só que todos ficavam muito distantes de nossa área de atuação. Havia um único próximo: este que passamos a ocupar, no Alto da Lapa, dentro de uma praça. O prédio nos foi concedido em cessão de direito de uso por 99 anos. Essa cessão deve ser renovada anualmente e a entidade deve comprovar que a está usando e preservando.

O imóvel que nos ofereceram tem cerca de 400 m², uma dimensão até acima da sede com que sonhávamos, e nos perguntávamos o que fazer com tanto espaço. Logo percebemos que a principal utilização da sede deveria ser a capacitação de voluntários, para trabalhar no atendimento a famílias de baixa renda – aulas, seminários, supervisões. Até 1998 a sede do CEAF funcionou principalmente como uma escola para voluntários.

O passo seguinte foi arranjar dinheiro para a reforma: sem muita burocracia, conseguimos R$ 100 mil no Conselho Municipal de Assistência Social (CMAS). Como conta Maria Helena,

Pudemos contar com o trabalho voluntário de uma amiga, Maria Lúcia Pereira de Almeida, para o projeto arquitetônico, e logo convidamos três empresas de engenharia para uma concorrência: construir a primeira etapa da obra – digo primeira etapa porque dividimos o imóvel ao meio e decidimos reformar apenas a parte da frente e deixar fechada a parte de trás. Estávamos em 1995 e foi muito prazeroso ver uma coisa horrível, inteiramente destruída, tornar-se, aos poucos, uma coisa tão bonita. O que chamávamos de "frente" era uma recepção, uma copa, uma casa para o zelador e as salas de atendimento. Uma portinha, que hoje leva a outras salas e ao auditório, dava para um salão enorme, gelado e completamente vazio. Antes da inauguração dessa parte da nova sede, porém, era preciso também cuidar da praça, nosso entorno, que estava abandonada. Com a assessoria, inclusive financeira, da Regional, também conseguimos reformar a praça: pintamos, plantamos e até encaminhamos algumas famílias que lá viviam acampadas, com a ajuda de uma assistente social, para dois ou três barracos que compramos na favela do Jaguaré para acomodá-las. A vizinhança, é claro, ficou encantada. O prefeito inaugurou a praça e a sede do CEAF, e depois prestamos contas. Passamos por uma auditoria do Tribunal de Contas do Município com nota dez.

A HISTÓRIA DO CEAF   55

No discurso que fiz na inauguração da sede, usei pela primeira vez a expressão – "Família é fábrica de gente" – para sintetizar a proposta de que a família é um sistema de vínculos afetivos em que se gera e se desenvolve a estrutura psíquica básica dos indivíduos, uma teia de laços emocionais onde se dá a construção dos alicerces da subjetividade de cada ser humano. Desde então tenho usado e popularizado a expressão, porque ela me parece não só conceitualmente precisa, mas também de fácil compreensão para quem não é da área.

O crescimento graças à sede: Terapia Familiar e Cine Família

Com a casa arrumada, durante a diretoria seguinte (1998-99), liderada pela psicóloga Clarice Topczewski, o CEAF iniciou seu grande salto em matéria de crescimento de projetos e atendimentos. Clarice é uma pessoa que mistura qualidades *yin e yang*, por um lado delicadeza e doçura e paciência, por outro lado grande tenacidade e força de trabalho, uma ação penetrante em assuntos que precisam ser enfrentados. O CEAF deve muito a ela nos diversos cargos que ocupou.

Em 1998, começou a funcionar o Projeto Terapia Familiar, coordenado por outra querida amiga, a psicóloga Walderez Bittencourt, que enfrentou a tarefa de implantar a triagem e o atendimento às inúmeras famílias que nos procuravam com diversos problemas. Os terapeutas de família voluntários são geralmente encaminhados por institutos de formação em Terapia Familiar, como o Sistemas Humanos, Familiae e ITF, que, desse ponto de vista, funcionam numa quase parceria conosco. Walderez é uma pessoa de qualidades únicas, não só por sua inteligência, mas também pela capacidade de liderar e integrar pessoas. O Terapia Familiar do CEAF é o único grupo que conheço que agrega terapeutas de família de todas as linhas teóricas e formações num ambiente de respeito mútuo e solidariedade construtiva.

Terapia familiar

"O Projeto de Terapia Familiar tem como objetivo atender famílias", conta Walderez.

Invariavelmente – e não só aqui, mas em qualquer parte do mundo –, a família busca terapia para resolver uma dificuldade, um problema, que a seu ver está comprometendo o relacionamento familiar de alguma forma. Em geral há um personagem que centraliza toda a problemática da família, que é o porta-voz da questão familiar: uma criança ou adolescente que vai mal na escola, que não tem amigos, que briga, que não obedece aos pais. Décadas atrás, a tendência do trabalho do psicólogo era atender essa criança, avaliá-la e dar uma orientação à família. Com o tempo e o desenvolvimento da ciência, a terapia passou a ser enfocada de outra forma: não mais naquela criança, naquele adolescente com problema, mas como uma questão da família. Então, é a família como um todo que vai ser trabalhada em relação a esse problema. Como ela vê o problema? Como ela sente? O que ela faz? O que já fez? Como isso repercute? Quem ajuda mais? Quem ajuda menos? Quem são as pessoas que deveriam ser sua família? Com quem ela conta? Com que meios de apoio conta? Inicialmente, eram psicólogas e algumas assistentes sociais que faziam atendimento da família. Pouco a pouco, fomos exigindo que o trabalho fosse realizado somente por pessoas que estavam tendo ou tinham formação em terapia de família e de casal. Então isso muda o perfil dos voluntários, porque não é preciso necessariamente ser psicólogo para ser terapeuta de família e casa.

Hoje contamos com um número razoável de terapeutas de família, formados e em formação. Cada grupo de terapeutas está subordinado a um supervisor, que desenvolve o seu projeto de supervisão de acordo com as possibilidades daquele grupo: em encontros semanais ou quinzenais, individualmente ou em grupo. A maioria dos terapeutas e dos supervisores tem uma formação sistêmica e trabalha nessa direção. Meu objetivo é termos aqui, no futuro, um número maior de supervisores de formações diferentes: junguiana, freudiana etc. Acho que isso enriquece o trabalho e rejuvenesce o pensamento. O pensamento não fica tão determinado dentro de certa visão teórica. Atualmente, o Projeto Terapia Familiar também está trabalhando com terapia comunitária. Se a família vem com uma grande problemática e não temos terapeutas disponíveis, ela tem a possibilidade de tentar o grupo de terapia comunitária enquanto espera atendimento em terapia familiar. Nesse grupo, juntamente com outras famílias, ela tem a possibilidade de falar das suas dificuldades e ser ajudada. Se não quiser expor o seu problema, pode assistir a posição de outra família e ouvir algo que talvez sirva também para ela. Se depois de chamada para a terapia familiar a família quiser continuar na terapia

A HISTÓRIA DO CEAF **57**

comunitária, também pode. Trabalhamos na ação preventiva. Queremos atender famílias que tenham a possibilidade de elaborar tensões e conflitos e evitar que o paciente identificado se torne prisioneiro de uma doença ou de um desconforto grave. O que se pretende é agir bem no começo.

Importante, no caso do Projeto Terapia Familiar, é criar possibilidades metodológicas e instrumentais para atender uma família, a família toda, em duas ou três sessões. Porque é possível essa família se conscientizar de suas dificuldades e ela própria se mobilizar para tentar uma terapia breve. Acho que a grande questão hoje é saber que tipo de metodologia permitiria trabalhar intensamente com a família, mobilizando-a a se apropriar de seus recursos para, ela própria, melhorar a situação. É difícil reunir a família. Ela não se reúne nem em casa, o que dirá juntá-la para uma terapia num horário específico e fixo. Então vêm sempre os mesmos membros que tem maior disponibilidade. Penso que, havendo um tipo de investigação metodológica, de trabalho mais intenso, talvez se pudesse pelo menos aliviar inúmeras famílias e melhorar problemas básicos que elas enfrentam, como hierarquia familiar, divisão de responsabilidades, prioridades, compromisso, conviver com limites, aceitação. São questões fundamentais, que se repetem em todas elas. A questão é como ajudar a família a se apropriar disso.

Nós temos vários perfis de famílias atendidas pelo Projeto Terapia Familiar. Um deles, no entanto, é mais típico: a mãe que não tem marido, a mulher sozinha que teve alguns homens, mas não tem parceiro fixo. Os filhos são vários, geralmente de pais diferentes. Às vezes, cada um de um pai. Às vezes se consideram irmãos; às vezes, não. A mãe trabalha de 10 a 12 horas por dia, e a criança, ou o adolescente, fica com vizinhos ou com um parente, a avó, por exemplo. A divergência entre essas pessoas que cuidam do menor e a mãe é muito grande em relação a normas de disciplina. A mãe, em geral, é a pessoa que cuida. Uma das grandes queixas é que a criança não tem limite, a criança não obedece. E temos tido vários casos em que a queixa é de irritabilidade da criança, que ela é instável, agressiva.

E temos também o reverso da medalha: pais que vêm para a terapia de família sozinhos, porque não sabem lidar com determinadas questões familiares. E ele não traz os membros da família porque eles trabalham e estudam. São pais separados, que cuidam dos filhos. Mas são raros, no máximo uns cinco. A maioria das famílias é chefiada por essa mãe sozinha, desamparada e sempre à espera de algum homem que venha preencher o seu vazio.

Cine Família

Em 1999, no final de sua gestão como presidente, Clarice Topczewski implantou um projeto inovador que tem suscitado grande interesse quando apresentado em congressos de terapia familiar – o Cine Família. Partindo do pressuposto de que a população de baixa renda e pouca instrução formal atendida pelo CEAF tem raras opções de lazer e cultura, Clarice, cinéfila apaixonada, resolveu aproveitar nosso auditório bem montado e projetar filmes (nacionais ou dublados em português) que abordem direta ou indiretamente temas ligados às relações familiares. Após a exibição, é servido um breve lanche, seguido de uma discussão a respeito do que foi visto, percebido e entendido, assim como sobre os sentimentos despertados pelo filme. O debate, orientado pelas psicólogas do projeto, tem revelado que o cinema é um excelente meio para a ampliação de consciência sobre a importância das relações familiares. O auditório de 120 lugares costuma lotar, o entusiasmo da população participante é enorme e a profundidade da discussão surpreende a todos nós. Segundo Clarice,

O Projeto Cine Família nasceu da vontade de dividir nosso espaço com a população atendida, porque, na época, nossa sede era pouco utilizada, já que o ACAP e o Caminhando atendem predominantemente nas comunidades. Em 1988, fiquei sabendo que o Hospital Albert Einstein estava reformando seu auditório e não tinha o que fazer com as cadeiras. Então, procuramos o hospital e conseguimos uma doação: precisávamos de umas cem cadeiras, que escolhemos uma por uma. O auditório estava pronto, mas não tínhamos dinheiro para os equipamentos de projeção. Então, apresentamos um projeto para o Banco Itaú, que nos fez essa doação.

Preparado o espaço, começamos a pensar que população queríamos receber e como eles chegariam até aqui. Logo percebemos que teríamos que pagar a condução. Para isso, conseguimos a doação dos vales-transporte com uma empresa parceira, a Q-Limpa, que atualmente nos fornece um valor equivalente a seiscentos vales-transporte por mês. Existem pessoas, idosos principalmente, que dizem: "Não preciso. Moro aqui do lado". Outros pedem licença para aceitar: "Posso levar para o meu neto?".

E, depois, que filmes escolher? Como fazer a platéia se manifestar? Precisávamos mostrar ao pessoal que chegava que este espaço era para eles e que a sua presença era muito importante. E desde o começo tínhamos uma certeza muito grande de que o projeto ia vingar, mas que o público ia ter que crescer por propaganda boca a boca. Chegamos a discutir se devíamos ou não anunciar num jornal do bairro, mas percebemos que não seria conveniente, pois não teríamos controle sobre a quantidade de convidados. Resolvemos trabalhar por intermédio das instituições com as quais lidamos.

As sessões são realizadas uma vez por mês, às 14 horas. Terminada a projeção, por volta das 16 horas, oferecemos um lanche. É importante que as pessoas possam perceber que o lazer também pode ser produtivo, que a gente pode se divertir e refletir ao mesmo tempo. O lanche cumpre essa função. E para ele contamos com outra parceria. Desde o início a padaria Dona Deôla tem mandado sanduíches, refrigerantes e pequenos pães doces. Atualmente, recebemos 150 lanches. Após o lanche, as pessoas voltam a seus lugares e iniciamos uma conversa sobre o filme a que elas assistiram. Nosso público está se tornando cativo. Quem vem normalmente volta mais de uma vez, principalmente os idosos. Mas depois de um tempo começamos a ter uma grande população de adolescentes de Paraisópolis, porque passamos a distribuir os convites no programa Arte na Comunidade, que só atende crianças e adolescentes. Como todo adolescente, eram jovens agitados, bagunceiros, que não conseguiam ficar sentados durante o filme, conversavam durante a exibição. Isso começou a criar problemas com os mais velhos.

Outra preocupação era com o conteúdo dos filmes. Como conciliar os interesses de jovens adolescentes e idosos? Houve quem achasse que era melhor separar os dois públicos e fazer sessões especiais para os jovens e para os idosos. Mas foi uma teimosia nossa mantê-los juntos. Sempre acreditamos que precisávamos conseguir conversar com todos juntos, porque as trocas são bastante ricas. Então começamos a trabalhar essa questão de uma maneira muito sistêmica, mas sem nos darmos conta disso, porque naquela época eu estava apenas iniciando minha formação em Terapia Sistêmica. Hoje não nos preocupamos mais com isso, porque tudo interessa a todos. Começamos a perceber que muito do que fazíamos no Cine Família, quase por intuição, tinha a ver com a Abordagem Sistêmica. Começamos a ver aquele grupo como um sistema em funcionamento, no qual nada acontece só de um lado, ninguém é responsável sozinho pelo que acontece no grupo. Nem nós, coordenadoras do Cine

Família, somos responsáveis. Podemos preparar o ambiente, mas o que ocorre dentro daquela sala é resultado da interação de todos os que estão ali dentro. Entendemos que não tínhamos o saber, e que tínhamos que trabalhar a partir do saber deles.

É por isso, inclusive, que o Projeto Cine Família exibe filmes dublados em português e que sejam recomendados para a idade de 14 anos, pois, caso contrário, limitaríamos muito o nosso público. A polêmica é uma coisa que norteia o trabalho, e, na verdade, é assim que a riqueza de opiniões diferentes desponta não só para eles mesmos, como também para nós. A reflexão cresce na medida em que todas as opiniões são aceitas. Os filmes escolhidos tratam preferencialmente de relações familiares, muitas vezes polêmicas, mas evitamos exibir filmes violentos demais, porque o próprio público já se manifestou contra. Apesar dessa restrição, certa vez quebramos a norma e passamos *Caminhos cruzados*, ou *Somebody is waiting*, no original, do diretor Martin Donovan. O CEAF estava realizando seminários para discutir a violência, principalmente a familiar, e resolvemos ver como a população do Cine Família se manifestaria diante de um filme que retrata a violência familiar, a violência urbana, a violência psicológica por meio de cenas de abandono, alcoolismo, morte após um assalto. Pela primeira vez, não conseguimos discutir o filme nem entre nós, da equipe, nem, depois, com a platéia presente: estávamos sofrendo o impacto do filme tanto quanto eles e pedimos a quem tivesse disponibilidade que voltasse outro dia para discutir. Dez pessoas apareceram e montamos uma dinâmica para trabalhar com o pessoal. Reunimos todos em volta de uma mesa e, utilizando miniaturas de pessoas, carros e de brinquedos, procuramos representar algumas cenas do filme. Em seguida, pedimos para cada um dizer que cena achava que o outro estava representando. Eles falaram de suas experiências – todos haviam passado por situações de violência doméstica –, e tivemos que fazer sessão de terapia de grupo mesmo.

Na verdade, essa vez foi uma exceção, porque nas sessões do Cine Família procuramos não provocar a exposição que poderia ser constrangedora, mesmo porque não temos condições de trabalhar terapeuticamente todo o público. Nesse sentido, nos sentimos comprometidos do ponto de vista ético.

No final do ano, interessadas em obter algumas respostas sobre o Cine Família, preparamos um questionário para ser respondido por quem tivesse comparecido a, no mínimo, duas sessões. O principal objetivo era descobrir que mudanças o projeto poderia ter causado na vida dessas pessoas. Um menino de 13 anos respondeu que,

A HISTÓRIA DO CEAF   61

antes, não avisava os pais quando saía de casa, mas que aprendera a avisar. Uma moça de 17 anos disse que o Cine Família a tinha ajudado a entender a separação dos pais, e que ela tinha se dado conta, por meio dos filmes e das discussões, que não deveria abandonar os seus sonhos. Foi muito gratificante.

Centro de referência

O CEAF vem se tornando um centro de referência para quem se interessa por atendimento psicológico preventivo e terapêutico, assim como atendimento socioeducacional para famílias de baixa renda. Todos os voluntários estão nucleados em projetos (com exceção dos que trabalham no setor administrativo ou em eventos) e todos os projetos têm reuniões semanais de estudo e supervisão. Isso promove um clima de formação constante e de atendimento sério e responsável, bem como evita os perigos associados a pessoas bem-intencionadas, porém pouco capacitadas que possam querer treinar na profissão usando a sofrida população de baixa renda como cobaia. Em consonância com esse espírito de promover uma formação teórica e prática permanente é que temos organizado eventos que promovem a discussão, como os Fóruns de Debates CEAF. "Casal e família", "A diversidade familiar e conjugal", "Família brasileira – Identidade brasileira", os primeiros criados para discutir questões conceituais na área. São encontros interdisciplinares, em que profissionais de diversas áreas debatem questões de nossa área de trabalho, sempre sob vários enfoques teóricos.

O futuro do CEAF

Acho que o CEAF vai continuar na mesma direção, alargando e ampliando sua atuação. Acredito que iremos abrir outras estradas em direção a nossos objetivos. Nascerão outros projetos em áreas onde ainda não trabalhamos, e gostaria de mencionar algumas idéias.

Em primeiro lugar, um sonho antigo e nunca realizado, já lembrado em nossa carta de princípios em 1983, é o de ter acesso à mídia para divulgar nossas idéias junto a formadores de opinião. Não seria ótimo que os temas de impacto que discutimos nos grupos fossem introduzidos nas novelas, por exemplo, e debatidos segundo uma ótica madura e construtiva que ampliasse a consciência

62 UM OLHAR SOBRE A FAMÍLIA

e possibilitasse soluções? Ou que algum de nossos voluntários participasse de programas de rádio e TV em que se discutisse a importância das relações familiares?

Outros projetos que eu gostaria de ver desenvolvidos são trabalhos com a terceira idade (temos um embrião de projeto abrigado no ACAP) e grupos de reflexão sobre a identidade masculina. Acredito que seria muito bom ter profissionais do sexo masculino criando um projeto para trabalhar com homens dentro do CEAF. As mulheres se fortaleceram e ocuparam muitos espaços antes reservados aos homens, mas a identidade masculina anda confusa, vulnerável, ameaçada. Quase não se ouve a voz dos homens em questões ligadas à família. Como ajudá-los a fortalecer seus papéis de pais ou maridos? Talvez tenhamos que montar grupos de discussão nos bares e campos de futebol... Acredito que toda tentativa seja válida para alcançar um objetivo tão necessário e difícil quanto a obtenção de maior compromisso e participação do homem de baixa renda nos problemas de sua família. São planos que espero ver concretizados.

Lembro da sensação de impotência, no final do ano de 1993, quando a entidade quase fechou suas portas. Posso dizer que, hoje, sinto a maior alegria com seu renascer.

A vida inventa! A gente principia as coisas, no não saber por que,
e desde aí perde o poder de continuação – porque a vida
é mutirão de todos, por todos remexida e temperada.

Guimarães Rosa
Grande Sertão: Veredas

1

Gravidez na adolescência e a transformação dos papéis na família

CELIA BRANDÃO

Filho se cria sem pai?

Um levantamento feito em escolas de classe média e média baixa em São Paulo confirma que estamos vivendo um momento de transição nos papéis atribuídos ao pai e à mãe dentro da família: a autoridade é outorgada igualmente ao pai e à mãe pelo adolescente. Ele identifica a mãe com proteção, apoio e referência afetiva, e uma minoria – o grupo de menor poder aquisitivo – a vê também como provedora financeira. Os relatórios sobre as famílias de crianças e adolescentes em situação de rua denunciam a ausência da figura paterna no seu imaginário: a mãe acumula a função de proteger física e emocionalmente e de educar.

Há dados que indicam um enfraquecimento da figura paterna na família, e sabemos que essa ausência acompanha os relatórios dos casos de delinquência juvenil. A falta de um modelo de referência na educação secundária está presente também nos relatórios sobre problemas de rendimento e adaptação escolar. Tudo isso aponta para um modelo monoparental e matrifocal de família.

Por outro lado, sabe-se que o nível de fecundidade da adolescente entre 15 e 19 anos tem crescido muito, havendo também incremento da fecundidade na faixa entre 10 e 14 anos. Parece que, no desejo de aconchego e apoio familiar, a adolescente procura constituir um novo núcleo familiar em busca de suporte emocional, dado o desamparo vivenciado em sua família de origem. Há uma tendência de se entender a gravidez na adolescência como um ato de transgressão. Nós, ao contrário, a entendemos como uma tentativa

64 UM OLHAR SOBRE A FAMÍLIA

de reparação. A transgressão é uma forma de confronto em relação ao *status quo*. Por outro lado, o que encontramos na maior parte da população feminina é uma tentativa de entendimento da realidade em que vive por meio do mergulho em suas feridas de filhas. Dado o aumento do número de adolescentes gestantes, uma parceria entre o CEAF e o Programa Einstein na Comunidade de Paraisópolis foi criada em 1999, com o objetivo de realizar um trabalho preventivo. Depois de submetidas à triagem, as gestantes são encaminhadas a um grupo específico, que tem um foco diferenciado no atendimento psicológico.

Esse trabalho tem possibilitado uma reflexão sobre a realidade das famílias de baixa renda e do meio em que elas vivem. Temos podido também pesquisar parte do imaginário das adolescentes sobre o lugar do pai e da mãe na família, sobre suas expectativas em relação ao companheiro, sobre a reversibilidade das díades mãe filho, pai x filho, mãe x pai.

Pesquisando o imaginário da adolescente, constatamos que ela se vê precocemente solicitada a uma conduta discriminada no papel de mãe, enquanto apresenta um discurso de filha que se viu na maior parte das vezes privada de suas necessidades junto ao pai, à mãe ou a figuras substitutivas. O desafio é criar novos espaços na vida da adolescente-mãe, para que lide com os lutos, as perdas decorrentes da maternidade precoce, trabalhe com as idealizações de um lado e a desesperança do outro, e viabilize projetos.

Há quem defenda a idéia, fruto de certa prepotência institucional, de que essas famílias geradoras do abandono e de conduta desviada não seriam trabalháveis e, portanto, o papel do profissional se restringiria a encaminhar crianças e adolescentes dessas famílias para instituições educativas, terapêuticas e assistenciais. Porém nossa prática de trabalho com adolescência e infância vitimizadas indica que a criança não reproduz necessariamente e de maneira direta as formas de agir de sua família. Os adultos traçam espaços de comportamento e de representações possíveis para ela, mas a criança apresenta uma reação criativa e individual.

Embora possa ser verdade que todos compartilhamos certa coletividade ontológica, cada indivíduo é único e interpreta e responde de modo particular à sua experiência. Essa realidade indica a

GRAVIDEZ NA ADOLESCÊNCIA E A TRANSFORMAÇÃO DOS PAPÉIS NA FAMÍLIA   65

necessidade de agir no imaginário dessas crianças, adolescentes e suas famílias como forma de promover sua inclusão social.

Por que cresce o número de adolescentes grávidas?

A adolescência é uma fase de profundas transformações físicas, psicológicas e sociais. Conceitualmente, entende-se como segunda década de vida (de 10 a 20 anos), fase em que se estabelecem novas relações do adolescente com ele mesmo, nova imagem corporal, novas relações com o meio social, com a família e com outros adolescentes.

São diversos os fatores apontados como responsáveis pelo aumento da gravidez na adolescência:

1. adesão aos valores grupais relacionados à liberdade e à sexualidade;
2. imediatismo do comportamento do adolescente;
3. sensação de onipotência e indestrutibilidade do adolescente;
4. a iniciação sexual se tornou mais precoce desde a liberação sexual dos anos de 1960;
5. o erotismo veiculado pela mídia sem orientação propõe uma prática isenta de responsabilidade;
6. antecipação do amadurecimento das meninas devido à melhora nas condições de vida e de alimentação nas últimas décadas. A menarca antecipou-se. A menina atinge a fertilidade plena um ou dois anos após a primeira menstruação. Há um adiantamento da puberdade.

Muita coisa vai mudar

"Quando ela nascer, só ela vai ficar feliz", diz uma das gestantes adolescentes ao referir-se ao bebê que vai nascer.

A reação das famílias à gravidez precoce oscila da agressão à apatia permissiva até a conduta de superproteção, que priva a adolescente da responsabilidade e do acolhimento necessários para lidar com tal impasse. Nesse contexto, constatamos que a atuação dos outros grupos sociais é de suma importância para a estruturação da identidade e dos papéis na família. A mãe adolescente assume um comportamento heróico, tentando resgatar seu vínculo com a mãe de origem e estruturando um mecanismo de defesa onipotente contra o desamparo.

De acordo com Fordham (1995), em relação às defesas do *self*, devemos trabalhar tanto por meio da dependência quanto da perda no contexto da vivência onipotente de indestrutibilidade.

Pesquisa realizada pela dra. Albertina Duarte Takiuti, médica ginecologista e obstetra, coordenadora do Programa de Saúde do Adolescente e da Área Técnica de Saúde da Mulher da Secretaria da Saúde do Estado de São Paulo, nos mostra que, em 87% dos casos, as adolescentes tinham informações sobre o uso de contraceptivos.

Por que elas se "esquecem" do preservativo? O herói precisa debruçar-se sobre si mesmo, sofrer para compreender. Seria nessa luta que se lançariam as adolescentes ao se esquecerem do uso do preservativo? Todo herói tem morte trágica. Mas essa morte traz com ela o benefício de humanização de uma dimensão da cultura (Jung, 1985). Lançar-se no episódio que determina a morte precoce da adolescência teria como alvo curar a ferida da filha, de uma vivência de desamparo, caos interior e falta de afeto.

As adolescentes grávidas revelam em suas fantasias a busca de um novo modelo familiar, refazendo a trajetória do herói que se lança na tarefa de mediador dos diferentes níveis, das diferenças, do resgate de si mesmas. Haverão de se confrontar com seus medos, da deformação do corpo, da má-formação do bebê, da morte, do abandono, da fome, da dor, presentes em seus relatos. O parto é descrito como momento de dor, de desamparo e de ameaça de morte. Mesmo assim, as adolescentes mergulham de forma heróica em suas privações e vão de encontro à hora do parto, que as libertará, bem como a suas famílias, por meio de um bisturi catártico.

O trabalho com a gestante adolescente levanta questões quanto ao lugar que cada um ocupa na família, traz uma ecologia particular, na qual a família de origem da mãe adolescente exerce um papel de formação dos novos indivíduos.

Cresce o número de avós que educam e cuidam de seus netos. A figura do avô é inexpressiva nos relatos. Os filhos de primeira gestação são entregues aos cuidados da avó quando a adolescente não tem companheiro ou quando se envolve em outro relacionamento.

O que buscam as gestantes adolescentes?

"Eu não tenho raiva dele. Eu amo ele! Ele foi pra Bahia mas vai voltar!", diz G.,15 anos, abandonada pelo namorado quando soube que estava grávida.

Ter um novo companheiro é uma forma de manter a aparência de moralidade ou de ter um suposto provedor na ausência do pai da criança. Há pouca clareza sobre o papel do companheiro, além do de parceiro sexual e referência afetiva. Em alguns relatos aparece o ideal romântico, que sustenta a negação das dificuldades e da situação de desamparo em que a adolescente se encontra. O ideal romântico se alterna com o sentimento de desamparo e com o medo do poder destrutivo do mundo masculino sobre o feminino. O medo da dependência, da submissão, da perda da liberdade, dos diferentes tipos de abuso atribuídos à intimidade de uma relação estável, está presente. A adolescente sabe que, na família, a vida de quem não trabalha é absorvida pelo pólo provedor da família. Sonha com a independência financeira, com a autonomia, mas sonha também com o apoio afetivo associado à condição de dependência. "Muda a vaidade, ter mais responsabilidade, não ter mais o direito de fazer o que fazia antes... E algumas mulheres deixam até de se cuidar para cuidar do filho", diz uma das meninas.

A separação mãe/bebê e a busca de um pai assegurador, cuidador, provedor e referência de afeto aparecem em suas falas. Esse pai emerge junto à construção da nova família. Para a adolescente, foi preciso um ato heróico de desafio à lei coletiva para buscar uma lei mais factível em relação às suas necessidades.

A permanência é uma das regras do pai devorador arquetípico. Abdica-se das reações da consciência individual em favor das forças dominantes da consciência coletiva. Há uma coletivização da consciência. As vozes do inconsciente, fonte de formas renovadas de vida e raiz do crescimento, deixam de ser ouvidas a partir de um contexto familiar opressivo ou de abandono.

Os impulsos de contestação da adolescência, às vezes na forma de um *acting*, como também poderíamos entender a gravidez precoce, revelam um desejo de crescimento e mudança da realidade e ambiente de vida. Esses movimentos de contestação vão em busca de uma criança divina mediadora de conflitos, a sabedoria do *self.* Mas nem sempre temos um final feliz, e esse movimento de busca, não podendo ser trazido à consciência da adolescente, na forma de um resgate de sua auto-estima, continua se repetindo em novas gestações não planejadas, quase compulsivamente. A adolescente encena seu conflito entre render-se ao pai devorador por meio de uma adesão ao coletivo que lhe propõe uma ausência total de objetivos, ou dar à luz os filhos potenciais até então encapsulados em um ambiente de vida pouco receptivo.

O bebê vem transformar a ordem estabelecida e preencher os vazios matriarcais. A sexualidade, antes exercida apenas de forma impulsiva, passa, a partir da gestação, a se tornar um ato responsável.

Dar à luz a própria identidade e criatividade? Recuperar a esperança em um futuro criativo? Restabelecer o ciclo revolucionário das gerações? Seria essa a busca da gestante adolescente? Estaremos diante de uma nova ecologia na família, da busca de uma nova parceria entre homens e mulheres? De uma nova família, na qual educar e prover deixem de ser concebidos como atributo natural de um dos sexos e passem a ser responsabilidade do casal e dos filhos participantes na construção da lei?

Tarefa da família

A tarefa onipotente conferida à família no século XX, de cuidado integral de seus indivíduos frente ao isolamento gerado pelo surgimento das grandes cidades, megalópolis, agora deve retornar também para a consciência coletiva e para a comunidade como um todo (Ariés, 1978).

A demanda feita à família em nosso momento fala da necessidade de um novo padrão de relações, de uma nova afetividade, de um novo sentido de solidariedade. A família da transição para o novo milênio prossegue com a transformação da afetividade, dividindo a tarefa de socialização entre seus membros, em parceria com outros segmentos sociais.

É necessário um olhar para o coletivo, no afã de tecer uma nova rede de relações que inclua as diferenças em maior simetria. A busca de nossas adolescentes denuncia a necessidade de um olhar para a vivência interna do outro e uma abertura para a alteridade, para um melhor diálogo entre as diferenças. Esse seria um final feliz. Não é, porém, o cenário a que estamos expostos durante a maior parte do tempo. A adolescente vai crescer junto com seu bebê, em busca de seu cuidador interno. Mas para isso a assistência familiar e comunitária e o trabalho com sua auto-estima são fundamentais na busca de uma nova interação entre poder e afeto.

Bibliografia

ÁRIES, Philippe. *História social da criança e da família*. Rio de Janeiro, Zahar, 1978.

ASTOR, James & FORDHAM, Michael. *Innovations in analytical psychology*. Cornwall, TJ Press, 1995.

DELEUZE, G. *Foucault*. 2ª ed. São Paulo, Brasiliense, 1991.

DUARTE, Albertina. *Gravidez na adolescência: Ai, como eu sofri por te amar*. Rio de Janeiro, Editora Artes & Contos, 1996.

JUNG, G. C. & KERENYI. *Science of mythology*. Londres, Ark Edition,1985.

SIDOLI, Mara. *When the body speaks – The archetypes in the body*. Londres, 2000.

THORSTENSEN, Sonia e Equipe do Projeto Caminhando do CEAF. Levantamento apresentado em palestra no CEAF, em junho 2000, "Seminário sobre a Violência".

Celia Brandão, voluntária do Projeto ACAP, é membro analista da Sociedade Brasileira de Psicologia Analítica.

2

Cine Família: um trabalho que amplia e transforma

CLARICE SOBOLH TOPCZEWSKI
E COLABORADORES

Revendo o planejamento inicial do projeto Cine Família e os relatórios e anotações das primeiras sessões, me dei conta da evolução em seu desenvolvimento e da contribuição de todos que a ele se dedicaram. Seus objetivos iniciais se mantêm: ampliar o conhecimento da população-alvo sobre a influência das relações familiares no desenvolvimento psicossocial de seus membros; proporcionar a discussão e a reflexão sobre filmes que abordem relações familiares; auxiliar as pessoas a reconhecer a interação (processo relacional de ação e reação) como processo básico das relações familiares; oferecer um espaço de lazer, cultura e integração a famílias de baixa renda.

A primeira sessão do Cine Família ocorreu em dezembro de 1999. Mas, antes dessa data, houve uma fase de gestação do projeto, que foi árdua e longa, não somente para articular e conseguir a doação do equipamento audiovisual necessário, mas também para elaborar um planejamento que atendesse a nossos objetivos psicoeducativos e, ao mesmo tempo, tivesse uma conotação de lazer, capaz de motivar a freqüência da população de baixa renda.

Se o planejamento e as ações iniciais (busca e conquista de parcerias que até hoje beneficiam o projeto, como a doação de vales-transporte e lanches para todas as sessões) foram realizados por mim, sua implantação não teria sido possível sem a participação das companheiras que comigo partilharam esta paixão e a conquista de uma rotina que fizesse acontecer: Tânia Zalcberg, psicóloga e psicanalista; Nair de Oliveira Mendes, psicóloga; Maria Helena Lourenço, pedagoga; Ana Maria Gabel, psicóloga; e Priscila Lago Mourão, psicóloga e estudante em Formação de Terapia Familiar – como se pode notar, um grupo de pessoas de diferentes formações.

Discutíamos os critérios de escolha dos filmes e o que privilegiaríamos: assuntos que considerávamos importantes, temáticas voltadas para as relações familiares ou ainda a modalidade do filme (drama, comédia, romance). As opiniões divergiam, mas desde então percebíamos que, contemplando essas diferenças, ampliávamos nossas possibilidades de compreensão. Embora nessa época isso não estivesse claro para nós, a multivisão já embasava nossas conversas. Além da multidisciplinaridade, somos pessoas com histórias de vida e, obviamente, expectativas e visões diferentes – e por isso mesmo nossas discussões eram tão ricas.

Por outro lado, nessa época nossas crenças se assentavam em conhecimentos teórico-práticos com pressupostos de causa e efeito. Isso nos impulsionava para a busca de consenso em relação às questões que deveriam ser privilegiadas junto ao público nos debates depois das projeções do filme. E, embora desde o início do projeto procurássemos extrair do público os temas de seu interesse, nosso objetivo era deixar, no final de cada sessão, uma mensagem extraída de nossas concepções.

No ano 2000, algumas colegas precisaram afastar-se do projeto, e iniciei minha formação em Terapia Familiar Sistêmica. Foi então que se uniram a nós minhas colegas de curso Maria Lucia Manzione Ribeiro, assistente social, e Claudia Fontenelle, psicóloga. Também passou a fazer parte da equipe Helena Braz, fonoaudióloga e terapeuta familiar de longa data e voluntária do CEAF no Projeto Terapia Familiar.

No curso, entramos em contato com conceitos que definem a pós-modernidade e, mais especificamente, com a teoria da complexidade do filósofo da atualidade Edgard Morin.

Se na modernidade o objetivo central da ciência era a busca da verdade absoluta ou o determinante único de um efeito, a pós-modernidade encontra-se atrelada ao pensamento complexo, que abre a possibilidade para todas as causas que contribuem para um acontecimento, propondo a multivisão. O pensamento complexo nos coloca diante do pressuposto de que nada ocorre isoladamente e tudo está em relação. O contexto é fundamental, já que passa a ser

72 UM OLHAR SOBRE A FAMÍLIA

a primeira referência do evento. De certa maneira, isso invalida a possibilidade de descrição total de um fenômeno, nos posicionando no lugar do "não saber", abolindo o "especialista" e abrindo espaço para o imprevisível. Complementando essas idéias, fomos nos deparando com vários autores, entre os quais o biólogo Humberto Maturana, que nos revela que "não vemos o que não vemos" e destaca a importância da multivisão, que sem dúvida é facilitada pela muldiversidade.

É muito bom quando alguém da equipe vê algo que não foi percebido pelos demais. É muito bom perceber o quanto as diferenças têm acrescentado e ampliado nosso trabalho. Durante esses anos de funcionamento do Cine Família, temos verificado que, quanto mais diversificada é a equipe, mais rico é o processo de discussão. Uma visão não impede a outra; pelo contrário, a complementa e enriquece.

Hoje percebo que, além do encontro com o público-alvo, o Cine Família nos proporciona outro momento igualmente importante: as reuniões da equipe, nas quais decidimos que filme será projetado, debatemos sobre esse filme, decidimos a estratégia para a discussão com o público, avaliamos a sessão anterior, revemos a eficácia da distribuição dos convites – enfim, nos preparamos para cada evento.

É nesses encontros que podemos exercitar nossa escuta para o diferente, trocar experiências e ampliar nossos referenciais teóricos e pessoais. Isso só é possível a partir de uma equipe disponível para aceitar e validar o outro como verdadeiro outro. É esse potencial que tem nos permitido estar cada vez mais abertos para o trabalho com o nosso público. Em acordo com a equipe que atualmente compõe o Projeto Cine Família, transcrevo trechos dos textos redigidos por cada integrante.

A(o) mestre, com carinho.

Não me recordo precisamente como cheguei ao Cine Família, mas sei que já se vão dois anos.

Na primeira vez que estive em uma sessão, a Clarice, a Malu e a Nair estavam fazendo a recepção, verificando a sala de projeção, colocando o filme, ao mesmo tempo preocupadas com o lanche que seria servido no intervalo e com a discussão do filme. Enfim, eram "profissionais" atuando em várias frentes.

Fiquei observando como as coisas transcorriam. Observava a platéia e não conseguia entender por que não estavam presentes casais, já que o nome do projeto era "Cine Família". A meu ver, era isso que poderia levá-los a compreender melhor seus relacionamentos. O tempo foi passando e fui ganhando vivência de Cine Família. Fui percebendo que, dentro desse contexto, não é nossa formação universitária que importa. O que nos qualifica para atuar faz parte de um outro âmbito. Com a Clarice, aprendi a igualdade, o altruísmo, a força do amor do ser humano para com outro ser humano. Anteriormente, com a Nair, eu já havia aprendido a receptividade, tanto para com o público do Cine Família quanto para com o voluntariado que chega e ignora "como fazer". Assim, fui me tornando uma voluntária dentro de "tanto voluntariado", sempre querendo ser melhor para poder dar mais.

Tivemos o prazer de recepcionar Milu, uma historiadora cheia de vontade e apreciadora de cinema, que passou a trazer listas de ótimos filmes que podíamos utilizar no projeto. E aí pude compreender que todas também éramos "entendidas", não em cinema, mas em vontade de se doar. A cada dia, fomos nos entrosando mais, e agora já somos uma equipe que se caracteriza pela multidiversidade.

Nossa! Como tudo foi ficando encorpado! Como crescemos! E todos aqueles que freqüentam o Cine Família, em vez de me assustarem em relação ao como fazer, foram se tornando "parte da minha vida". Hoje, conheço muitos pelo nome, sei sua idade e origem. E quando os assíduos freqüentadores deixam de vir a uma sessão, nos causam até certa preocupação.

Enfim, todos que já passaram pelo Cine Família, inclusive eu, talvez não acreditassem na força profilática dessa dinâmica, que, apesar de acontecer uma vez por mês, repercute no quotidiano das pessoas que o freqüentam, agora não mais para somente assistir a um filme e comer um lanche, mas para levar algo mais para sua vida.

Carmem Garrido Acunzo,
psicóloga clínica com especialização em
Psicologia Hospitalar e formação em Terapia Familiar

De todos os projetos do CEAF, me encantei com o Cine Família porque, além de ser apaixonada por cinema, sempre utilizei esse instrumento na minha carreira de professora de História. Entrei de corpo e alma no projeto e fui recebida com muita alegria e carinho. O que encontrei no Cine Família foi um ambiente de muita responsabilidade, muito empenho, muita dedicação, muita competência e muito amor pelo que se fazia.

Com as amigas psicólogas, vivenciei momentos de muita reflexão, discussão e cuidado na escolha dos filmes a serem exibidos. Dei e ouvi sugestões, tudo de uma maneira extremamente democrática e prazerosa. Comecei a perceber a importância que elas davam à diversidade de opiniões, e como é fundamental que isso ocorra nos debates após a exibição do filme. Percebi que o carinho na recepção dos convidados, a alegria com que eles chegavam, a exibição de um filme interessante, o lanche, a discussão – enfim, tudo o que fazíamos era muito importante para nós e para eles.

Ouvi opiniões divergentes, percebi reações diferentes, senti diversos tipos de emoção, aprendi a conviver mais de perto com a imensa gama de sentimentos que surgem quando se assiste a um filme. Hoje o Cine Família faz parte da minha vida. É um compromisso que assumi comigo mesma, com as companheiras e com a comunidade que participa do projeto. Como educadora, cito o autor Everardo P. Guimarães Rocha: "Não devemos ter uma visão do mundo onde o nosso próprio grupo [no meu caso, de professores] é tomado como centro de tudo e todos os outros são pensados e sentidos através de nossos valores, nossos modelos, nossas definições. No plano intelectual, [isso] pode ser visto como a dificuldade de pensarmos a diferença.

Carmen Lucia Monteiro de Castro (Milu),
professora secundária de História, atualmente afastada da profissão

Antes de iniciar minha participação no Cine Família, via os filmes mais como um entretenimento do que como fonte de aprendizado e discussão social. Foi participando do projeto que me dei conta da profundidade dos temas que eles abordam, de sua similaridade com a vida real e de quanto uma discussão dirigida sobre esses temas pode ser benéfica à sociedade – inclusive à parcela menos privilegiada dela.

Foi gratificante constatar que, ao contrário das pessoas mais letradas, que podem recorrer a correntes de pensamento filosófico e científico como ferramentas para a compreensão de temas complexos, as pessoas que atendemos entendem e articulam os temas tendo como ferramentas apenas o empirismo e suas próprias emoções.

Nesse projeto, constatamos que os filmes fazem aflorar a riqueza interior de cada indivíduo e mostram a pureza e a lógica natural das pessoas de formação simples. É interessante ver esse projeto pelo lado humanístico. Estamos levando cultura a quem não tem fácil acesso a ela, discutindo valores que tendem a se perder no mundo contemporâneo, onde a impessoalidade e a violência ecoam cada vez mais alto. Também é motivador, tanto para nós da equipe que monitora o projeto quanto para o público, o fato de podermos contar com a responsabilidade social de empresas que doam o lanche e os vales-transporte, que, além de viabilizar o projeto, são fatores adicionais de estímulo para a população atendida.

Outro fenômeno que tenho observado é a manifestação de vários participantes quando se identificam com situações apresentadas nos filmes e declaram que vão se inspirar nelas para reagir à sua situação atual e mudar seu comportamento. Infelizmente, ainda não foi possível comprovar em que medida o projeto resulta em mudanças efetivas e melhoria para essas pessoas.

Lysete Forlenza Pescinelli Morais,
psicóloga clínica, mestre em Psicologia Clínica e terapeuta familiar

Quando ingressei no CEAF, a proposta era que conhecêssemos os projetos existentes. Um deles era o Cine Família. Conversando com Clarice e Nair, aos poucos fui sendo contaminada pelo entusiasmo com que elas falavam das projeções. Fiquei curiosa e resolvi aceitar o convite para participar da quarta sessão, na qual seria exibido *Eles não usam black-tie*, um filme brasileiro que aborda questões políticas. Por ter um espírito cooperativo, eu me questionava sobre como poderia ajudá-las naquele momento. Qual seria meu posicionamento na hora da discussão? Deveria ficar somente como observadora? Seria isso possível?

Segundo a perspectiva do construcionismo social, "os contextos têm suma importância: sempre atuamos desde e para os contextos. O contexto em que nos encontramos prefigura como devemos atuar" (W. Barnett Pearce, in *Novos paradigmas, cultura e subjetividade*, Porto Alegre, Artes Médicas, 1996, p. 180). Nesse sentido, utilizando a metáfora desse autor, associando nossa participação no mundo aos "jogos", vamos nos sentindo envolvidos por eles. Após essa "primeira partida", fiquei ainda mais interessada em ingressar no projeto. Passei a atuar na escolha dos filmes, nas discussões, no acolhimento ao público e onde mais fosse necessário.

UM OLHAR SOBRE A FAMÍLIA

Em encontros na casa da Clarice, conversávamos sobre as emoções que o filme tinha nos causado e como as falas ou reflexões dos espectadores, em sua sabedoria simples, nos surpreendiam e encantavam. Às vezes, essas conversas ficavam acaloradas, mas sempre tínhamos um café fresquinho, água na temperatura certa e deliciosas bolachinhas para amainar nosso ânimo. Criamos um clima de amizade e companheirismo que facilitou nosso entrosamento nas atividades do projeto.

O que me impressiona – e que desde o início observo nos dias de exibição – são os rostos curiosos e felizes das pessoas, algumas delas pela primeira vez em uma sala de projeção. Assim que a portas são abertas, sinto a energia que elas trazem, transformo minha ação em alegria e sou dominada por uma enorme vontade de estar com elas. Participar do Cine Família tem se tornado um prazer e uma paixão.

Maria Lúcia Manzione Ribeiro,
assistente social com especialização em Gerontologia,
cursando a formação em Terapia Familiar Sistêmica

Quando fui convidado a assistir às reuniões de preparação, eu era o único homem da sala e o mais jovem. As pessoas que ali estavam pareciam ser amigas há décadas. Isso me assustou um pouco, por não saber como agir e reagir nessas reuniões. Mesmo assim, gostei das discussões e compareci às reuniões seguintes, para ajudar a planejar o próximo filme do mês.

O que acho mais interessante durante as supervisões é o conhecimento de cada participante, que me enriquece muito. Também me agrada ter espaço para expor minhas idéias a fim de enriquecer e melhorar o projeto. Enfim, sinto que pertenço a uma família chamada Cine Família.

Paulo Kaji, 25 anos,
estudante do terceiro semestre de Psicologia na Universidade Mackenzie

Falando de Cine Família...

Ainda não descobri se ingressei no CEAF por causa do Cine Família ou se o Cine Família foi minha porta de entrada para o CEAF. Só sei que estou com ele e não consigo me ver sem esse projeto que me fascina e me faz crescer.

Como falar em Cine Família sem falar de filmes? Filmes são realmente um assunto fascinante. Vou contar um pouquinho do que acontece comigo quando da escolha do filme que será exibido. Como me considero um pouco crítica, alguns filmes sugeridos, que todos na equipe adoram, não me parecem, numa primeira impressão, recomendáveis para o nosso público. Chego a um consenso após as reuniões com a equipe, nas quais os filmes são debatidos e as opiniões são as mais diversas possíveis. As discussões são tão enriquecedoras que passo a apreciá-los de outra forma ou vê-los com outros olhos. Os motivos das outras pessoas para apreciá-los me fazem pensar que filmes despertam reações tão pessoais que não podem ser encarados de maneira unânime. Uma opinião complexa ou uma opinião simples e concisa provém de diferenças culturais e sociais.

Depois de quase dois anos participando do Cine Família, vendo e sentindo as reações do público, deduzo que os filmes revelam as mais diversas opiniões e comentários e despertam as pessoas para um contato mais íntimo com seus medos, fantasias, crenças e ideologias, e que não se pode ter um olhar antagônico ou mesmo consensual sobre essa forma de arte tão pessoal que é o cinema.

Zeila Maroni Menegon, psicóloga
com especialização em Psicologia do Excepcional,
cursando a formação em Terapia Familiar Sistêmica

Clarice S. Topczewski, ex-presidente e atual vice-presidente do CEAF é coordenadora do Projeto Cine Família. É psicóloga e terapeuta individual, de casal e família.

3

Quando a conversação resulta em transformação

ELLEN NAVEGA DIAS
ELZA M. BERNARDINI CARICATI

Este artigo se propõe a apresentar um caso atendido dentro do projeto Terapia Familiar do CEAF. Trata da construção de possibilidades no atendimento sob uma ótica construcionista social, na qual a conversação terapêutica se apresenta como ferramenta facilitadora para a práxis construcionista e para diálogos produtivos nas relações. Sabendo que no pensamento pós-moderno já não há garantias ou certezas a respeito dos fatos nem da objetividade da realidade, e que o conhecimento se produz a partir de crenças aceitas e organizadas dentro de comunidades que compartilham e negociam as mesmas crenças, temos então o conhecimento como um produto social. Nessa postura pós-moderna, acreditamos não haver conhecimento útil que seja genérico e nem algo que defina a essência última do indivíduo. O foco estaria, então, na linguagem que constrói esses mundos sociais e individuais.

Considerando a conversação uma ferramenta, lembramos Dora Schnitman, que afirma que "mundos são criados em conversações, se constituem em realidades virtuais, que, uma vez criadas, possuem existência e se sustentam como realidades".

No atendimento, nos propusemos a uma atitude reflexiva em busca de compreensão e de questionamento sobre os pensamentos, sentimentos, emoções e sensações corporais que se dão frente às conversações com o outro. Buscamos ainda explorar a possibilidade de flexibilizar, mudar e ampliar as crenças e, portanto, flexibilizar, mudar e ampliar as descrições sobre si mesmo. Foi com base nessas

QUANDO A CONVERSAÇÃO RESULTA EM TRANSFORMAÇÃO **79**

crenças que recebemos para atendimentoTeresa e seus filhos Adriana, Tiago e Ana Luiza.

Teresa tem 47 anos, é professora de inglês e está viúva há 21 anos. Faz tratamento psiquiátrico, em virtude de problemas de depressão, desde a morte do marido num acidente de carro. Sua depressão se agravou, levando-a a perder seu emprego e quase todos os alunos particulares. Vinha mantendo a família com seu trabalho até seis meses atrás, quando começou a perder os movimentos dos membros superiores. Desde então, necessita que lhe dêem água com canudo para beber, ajudem-na a tomar banho, a se trocar etc. Chegou para atendimento sem mover os membros superiores.

Adriana tem 26 anos e é nutricionista. Fez terapia individual por um período alguns anos atrás. Está noiva.

Tiago tem 18 anos e cursa a 3ª série do 2º grau. Dá aulas particulares em casa.

Ana Luiza está na 8ª série do 1º grau. A queixa trazida são as brigas constantes. Querem que a família volte a ser como antes, quando não brigavam tanto. Selecionamos algumas falas durante os atendimentos, sabendo que esses recortes não pretendem esgotar a riqueza que permeou nossos encontros.

Teresa – Não agüento mais as brigas em casa. Sou péssima mãe e culpada pela situação.

Adriana – Acredito que haja um componente emocional tanto na depressão como na atual perda dos movimentos da minha mãe. Depois da morte de nosso pai, ela vem piorando.

Teresa – Não acredito que haja algo de emocional em meu estado. O problema da família são as brigas dos filhos.

Tiago – Não gosto de terapia e nem de terapeutas. Minha irmã já fez terapia e não melhorou nada.Vim ao atendimento porque minha mãe me obrigou. Mas não sei se virei ao próximo.

Partindo da idéia de que a significação que as pessoas atribuem às suas experiências é o que determina suas vidas, acreditamos que o significado de qualquer ato dependerá de sua localização contextual e do modo como é realizado. Para esse atendimento, contamos com algumas ferramentas e crenças: uma postura ética, pela qual nos responsabilizamos por nossa participação nos atendimentos; a família vista como um sistema cibernético no qual o sintoma tinha uma função na homeostase; e o foco do processo terapêutico na dinâmica familiar e na promoção da mudança.

Pontuamos o êxito que Tereza teve até agora na criação dos filhos, bem como a maneira agradável como soube atrair os amigos deles, que muitas vezes "quiseram ter uma mãe como ela". Apresentamos nossa maneira de trabalhar, passando por uma crença num trabalho voltado para as relações da família, já que, "se olho para o que conheço e procuro entender como conheço, posso ouvir o outro que me ajuda nesse conhecer".

Conversamos sobre os recursos que nos permitem estar no mundo, que muitas vezes não estão na pessoa e sim nas relações. Acreditando que a conversação é um instrumento privilegiado para a construção de contextos colaborativos, favorecendo a transformação, flexibilizando ou ampliando narrativas, escolhemos não abordar a questão do emocional, porém agir no emocional nomeando e ressignificando palavras e atitudes, utilizando metáforas, reflexões e perguntas capazes de pesquisar de que forma as sensações eram vividas por cada um deles, com o objetivo de ampliar o individual para o relacional. Utilizamos também perguntas que buscassem a dinâmica da família: mãe – filhos – responsabilidade – culpa – finanças da casa – colaboração.

No final do primeiro atendimento, Tiago disse que não havia achado tão ruim assim e, atendendo a nosso pedido, se dispôs a voltar no próximo encontro.

Em outra sessão, surgiu a questão da colaboração nos serviços domésticos. As tarefas de casa são divididas, mas Adriana reclama que Tiago e Ana Luiza sempre deixam de cumpri-las. Ela se sente sobrecarregada, a mãe sempre dá razão aos outros e as brigas começam.

Construímos com eles, por meio de perguntas que levassem a descrição habitual a uma pontuação alternativa, a parte de responsabilidade de cada um no início e manutenção das brigas, buscando a construção de novos comportamentos. Pontuamos que o conhecimento de si mesmo, das conseqüências das suas atitudes, é fundamental para o crescimento do conhecimento do outro e acarreta mudanças na estrutura daquele que se propõe a uma reflexão.

Tom Andersen fala que "o que viermos a entender irá influenciar a maneira de nos relacionarmos com o meio que nos cerca, e não somente com as pessoas que estão aí".

Refletimos com eles sobre os sentimentos que nascem ou são despertados nesses momentos de tensão, com perguntas que possibilitassem uma reflexão acerca da responsabilidade de suas ações: qual o objetivo das ações? Quais as conseqüências para si e para o outro?

Num momento de nossos atendimentos,Teresa chega muito contente porque, apesar de as brigas ainda continuarem, eles estão conversando uns com os outros. A escola dos menores vai promover uma festa junina e todos irão. Vai ter muita dança em volta da fogueira.

Acreditamos que criar uma imagem de uma situação é fazer certos tipos de distinções. Desde que sempre existam mais possibilidades de fazer distinções, a imagem que a pessoa guarda consigo é o resultado de distinções feitas pelo narrador. Existem, portanto, muitas imagens que não são feitas de várias situações. E – talvez ainda mais importante – existe uma grande possibilidade de duas pessoas fazerem distinções diferentes da mesma situação apresentada, ou "mapas" diferentes do mesmo "território", como nos diz Bateson. Essas diferenças contribuem para que a pessoa transforme gradativamente sua imagem em movimento. É uma diferença que faz diferença, ou incomum, mas não incomum demais, que pode introduzir uma mudança – como denominaria Tom Andersen.

No ensaio chamado "Uma teoria da brincadeira e fantasia", Bateson levanta a hipótese de que a comunicação verbal humana opera em muitos níveis contrastantes de abstração, e as mensagens metacomunicativas, em sua maioria, mantêm-se implícitas. Com essa crença, solicitamos aos filhos que "amarrassem Teresa à cadeira" durante as danças. Traçando um paralelo entre a brincadeira e a psicoterapia, tentamos mudar os hábitos metacomunicativos do sistema, ressignificando conceitos por meio da inclusão de possibilidades que estavam fora do sistema, mas que já fizeram parte dele.

Para alcançar esse objetivo, acreditamos que deveríamos favorecer a ampliação dos temas de conversação na terapia para além da

82 UM OLHAR SOBRE A FAMÍLIA

queixa trazida. Nossas ferramentas continuaram sendo as perguntas e uma postura de curiosidade.

Em outro momento dos atendimentos, mais precisamente na oitava sessão, Teresa chegou dizendo que está cada vez pior; não consegue mais segurar um copo. Adriana também chega muito nervosa: "Não temos dinheiro para o que é necessário em casa. Tenho uma proposta de trabalho, mas não me sinto capaz de dar conta por um sentimento [nomeado] de incompetência".

Nesse contexto, Tiago, que a princípio se recusava a vir ao atendimento, diz: "Se a Adriana não tivesse medo de sair de casa e marcasse logo esse casamento, e se minha mãe não tivesse medo de melhorar, noventa por cento dos nossos problemas terminariam".

Conversar sobre a afirmação de Tiago e a ressonância dela em cada um (já que nossos comportamentos e sentimentos vêm como respostas a comportamentos ou sentimentos de outros membros da família, que por sua vez estão respondendo a comportamentos e sentimentos) possibilitou-nos buscar nos relatos outros momentos em que um movimento para fora foi logo seguido de um outro de volta ao ponto de partida. Refletimos sobre o significado que cada um dá às próprias experiências e como isso determina sua postura em relação à vida.

Minuchin define os seres humanos como caracóis: "Carregamos nossas conchas de memórias conosco, e somos essas conchas".

Adriana relata que perdeu o prazo de entrega de documentação no concurso que fez e foi uma das aprovadas. Tiago acredita que Adriana "esteja ocupando o lugar da mãe", e Teresa acredita que haja um componente emocional no esquecimento da filha.

Pontuamos que realmente deve ser difícil sair de casa. Adriana carrega toda a responsabilidade da casa sozinha. Se ela sair dessa posição, o que vai ser dos irmãos? Lembrando a explicação de Maturana & Varela sobre o ponto cego, conversamos sobre o que não vemos que não vemos, valorizando as vozes de cada um, preservando o espaço e o tempo necessários para cada um se escutar, utilizando o recurso do bom humor da família.

Nesse ponto do atendimento, olhamos para o pedido inicial da família e construímos um novo pedido: olhar para as relações entre eles que os impediam de crescer individualmente. Maturana fala

QUANDO A CONVERSAÇÃO RESULTA EM TRANSFORMAÇÃO 83

que a família é "um conjunto de pessoas sob a paixão de viver juntos", e o exercício da conversação com eles foi sobre a possibilidade de manter essa paixão, dando lugar a diferentes dinâmicas que envolvem os participantes em relação às atitudes básicas de respeito da realidade, que, ao longo do tempo, as define como indivíduos.

Ao final desse atendimento, perguntamos a Teresa como ela conseguia perceber um componente emocional nesse momento de vida de Adriana. Poderia algo emocional acarretar a paralisação? Solicitamos que ela não respondesse, mas apenas refletisse sobre essas questões para conversarmos no próximo encontro.

As situações são propostas em diálogos, nos quais torna-se necessário o uso de ferramentas, como a pergunta. Perguntar num contexto conversacional é diferente de perguntar em contextos de investigação, pois o que nos norteia é genuína curiosidade. Procuramos sempre estar atentas para conotar positivamente as diferenças, o que nos permitiu ampliar a conversação para as histórias encarnadas por cada uma delas, não apenas os relatos verbais, mas também as sensações e expectativas deles decorrentes.

Michel White afirma "que as pessoas organizam suas experiências e buscam seus significados por meio do relato, da narrativa; e que as construções desses relatos expressam aspectos escolhidos da experiência vivida. Mas escolha aqui não significa nem livre escolha, nem escolhas inconscientes, mas a escolha possível socialmente construída. Esses relatos são constitutivos de nossas vidas e relações".

Na desconstrução dessas narrativas e co-construcão de outras, produzimos novo vocabulário, novos significados entendidos e compartilhados por todos da família, além de permitir que eles sentissem certa sensação de ação. Na conversação, co-criamos a possibilidade de expulsar e/ou criar vivências no universo narrativo, nomeando os sentimentos de forma diferente. Teresa procurou deixar que os filhos resolvessem os "próprios problemas", sem se envolver tanto.

Falando sobre "conversações liberadoras", Maturana (1995) diz que

> o instrumento que lhes damos é a capacidade reflexiva. Tudo o que fazemos é para que as pessoas recuperem sua capacidade de autonomia como indivíduos, desde então, ali sejam as pessoas que são, segundo o espaço onde estejam. Mas esta recuperação da autonomia

84 UM OLHAR SOBRE A FAMÍLIA

tem a ver com o respeito por si mesmo, é liberadora e geradora de responsabilidade; a pessoa torna-se responsável pelo seu fazer e pelo seu viver.

Teresa chegou andando sem o apoio dos filhos para o atendimento. Ela nos relatou o seguinte: "Achei que fosse morrer. A depressão me levou ao fundo do poço. Comecei a não conseguir mais mover os membros inferiores. Não sabendo mais o que fazer, resolvi levantar e fui fazer o almoço".

Os filhos relatam que nos dias anteriores à "cura" tiveram conversas com a mãe sobre as mesmas coisas (a preocupação com ela, a sensação de que Adriana não marcava o casamento por ter medo de desamparar a mãe e os irmãos), porém algo novo existia: "Nós falamos da maneira certa, na hora certa, e ela estava nos ouvindo desse mesmo lugar acertado de onde falávamos".

Legítimo é o processo que valoriza o ganho que temos ao abrir espaço para o questionamento e para a curiosidade em qualquer nível de nossas vidas. Acolhemos Teresa no medo de deixar de ser amada sem a doença, mostrando que ela pôde desenvolver possibilidades mesmo doente, quando carecia de cuidados, e hoje pode aprender a cuidar de novo – um cuidado maduro, que passa por ouvir os desejos e necessidades não apenas dos filhos, mas dela mesma. Procuramos identificar o que contribuiu para a construção dessa nova história de possibilidades – os recursos desenvolvidos em cada um deles – e ancorar os ganhos por meio da nomeação dos recursos desenvolvidos por eles.

Conclusão

Sabemos que:

- as vivências e experiências com família vão construindo e dando significado às histórias pessoais;
- os conceitos intrapsíquicos e interpessoais que se formam interferem na possibilidade de as pessoas diferenciarem e construírem suas próprias histórias.

Sabemos também que:

- toda comunicação representa uma eleição, uma seleção entre um conjunto de possibilidades;

QUANDO A CONVERSAÇÃO RESULTA EM TRANSFORMAÇÃO   **85**

- as diferenças que se convertem em informação são as que têm efeito sobre nosso organismo;
- a efetividade da psicoterapia, individual ou familiar, se funda em que, no fluir emocional que ela necessariamente envolve, o terapeuta e o cliente possam derivar em um espaço de convivência, a partir do qual o espaço conversacional cotidiano do cliente pode mudar;
- é importante lembrar que criamos e somos criados nas conversações que estabelecemos; que o sujeito se constitui na linguagem e nas relações.

Tivemos mais três encontros com a família, que abandonou os atendimentos. Acreditamos, porém, que "o novo padrão" que começou a ser tecido nessa rede de conversação seja extenso e intenso, e que assim como em nós, terapeutas, promoveu uma postura reflexiva, venha a permitir a essa família a seleção de conteúdos dessas conversações que promovam a transformação e/ou novas narrativas para suas histórias.

Os momentos de supervisão para esse caso foram espaços para o exercício do pensar, isto é, do refletir sobre a construção do processo a partir do caso apresentado. A ferramenta generosamente apresentada pela supervisora foi a chave para essa transformação: conceitos foram repassados, pontos cegos emergiram, recursos internos foram descobertos e desenvolvidos, perguntas nos foram feitas para que centrássemos a atenção nas relações de cada uma de nós com os relatos: Que sentimentos os relatos nos despertavam? Qual a relação individual com as histórias e crenças existentes? De que forma o envolvimento dos terapeutas poderia se transformar em ferramenta de trabalho e, conseqüentemente, de cura para o paciente?

Nossas conversações sobre esse atendimento para a elaboração deste trabalho resultaram em transformações a partir de nós mesmas, transformações na nossa postura em relação a atendimentos que têm sua trajetória "interrompida". As expectativas a respeito de um caso bem-sucedido, com início, meio e fim, podem nos impedir de estarmos atentas ao processo que se desenvolve a cada atendimento, a cada reflexão, a cada pergunta.

86 UM OLHAR SOBRE A FAMÍLIA

Toda essa rica experiência foi possível pelo formato de atendimento desenvolvido pelo CEAF, que vem cumprindo seu papel junto à comunidade com maestria, zelo e respeito pelo cidadão.

Bibliografia

BATESON, G. *Pasos hacia uma ecologia de la mente*. Argentina, Editorial Planeta, 1991.

MATURANA, H. *Cadernos da APTF*, julho, agosto e setembro de 2002.

MATURANA, H. & VARELA, F. *A árvore do conhecimento*. Campinas, Ed. Psy II, 1995.

MINUCHIN, S. *Família: funcionamento e tratamento*. Porto Alegre, Artes Médicas, 1974.

SCHNITMAN, D. F. "Terapia como prática generativa: Perspectiva e habilidades". In: Cruz, H. M. (org.). *Papai, mamãe, você...e eu?* São Paulo, Casa do Psicólogo, 2000.

WHITE, M. *Medios narrativos para fines terapéuticos*. Barcelona, Paidós, 1993.

Ellen Navega Dias *é voluntária do CEAF no Projeto Terapia Social; assistente social; terapeuta de família, casal e individual; aluna do 4º ano do Familiae.*
Elza M. B. Caricati *é voluntária do CEAF no Projeto Terapia Familiar; psicoterapeuta; aluna do 4º ano do Familiae.*

4
Antecedentes familiares de problemas na infância

GILDA CASTANHO FRANCO MONTORO

Introdução

Este artigo, que é uma versão modificada de um dos textos básicos de capacitação de voluntários do projeto ACAP, tem três objetivos:

1. Catalogar reações emocionais, comportamentos e atitudes infantis que costumam causar preocupação para pais e educadores.
2. Listar condições biológicas, socioculturais, escolares e familiares que podem ser possíveis antecedentes desses problemas.
3. Analisar os antecedentes psicológicos e familiares que freqüentemente estão relacionados a sofrimento psíquico e as possibilidades de intervenção e mudança na dinâmica da família.

Problemas mais freqüentes

As pessoas que lidam com crianças, sejam pais, substitutos ou professores, têm uma série de preocupações, queixas ou reclamações a fazer sobre elas.

As reações emocionais, atitudes e comportamentos considerados problemas por pais e educadores são inúmeros e complexos. Um levantamento feito durante muitos anos com os voluntários do Projeto ACAP, que atendem grupos de pais e/ou substitutos, nos levou propor a organização abaixo, em torno de algumas categorias.

88 UM OLHAR SOBRE A FAMÍLIA

O leitor pode criar novas categorias, excluir outras ou adicionar novos itens às categorias aqui apresentadas.

Esta listagem não se pretende completa, nem se propõe a criar uma distinção entre normal ou patológico. Apenas é uma representação de retratos, datados e ligados a contextos específicos, de um conjunto de queixas e preocupações comuns a pessoas que lidam com crianças; inclusive muitos itens estão escritos despretensiosamente com as palavras usadas pela população atendida. Esses retratos, obviamente, devem ser referidos aos critérios de valor dessas centenas de observadores, cuja opinião se encontra representada nesta listagem, assim como ao meu da autora, já que organizei as categorias.

Problemas emocionais

- Medos intensos – de ficar sozinho, de escuro, animais etc.
- Ciúmes e inveja exagerados.
- Ansiedade excessiva – criança aflita.
- Dependência excessiva – não querer ficar sozinho, não agüentar separação.
- Choro e manha freqüentes.
- Depressão, apatia.
- Agressividade exagerada.
- Medo de escola.

Problemas com autoridade
(pais e responsáveis, atendentes, professores etc.)

- Desobediência freqüente.
- Incapacidade para aceitar regras; teimosia, rebeldia.
- Agressão verbal ou física.
- Submissão excessiva.

Problemas de convivência com o grupo (irmãos, colegas)

- Agressão excessiva, verbal ou física – brigas freqüentes.
- Timidez, isolamento, insegurança no contato com outras crianças.
- Não saber se defender.

- Não saber perder, não aceitar errar.
- Não conseguir competir.
- Egoísmo ou submissão exagerados.

Problemas sexuais

- Masturbação excessiva e/ou à vista de outras crianças e adultos.
- Brincadeiras sexuais inadequadas ou violentas.
- Abuso de crianças menores.
- Relacionamento sexual com adultos ou adolescentes.
- Vergonha excessiva do corpo.

Problemas de higiene e saúde

- Falta de asseio.
- Deficiência de crescimento.
- Obesidade ou deficiência de peso.
- Enurese, diurna e/ou noturna.
- Encoprese.
- Doenças diversas.

Atitudes e comportamentos percebidos como delinquências

- Roubo.
- Vandalismo.
- Violência física contra pessoas ou animais.
- Drogas: consumo e tráfico.

Deficiência de aprendizagem

- Falta de atenção e concentração.
- Incapacidade de assimilar.
- Falta de habilidades básicas para aprendizagem, por exemplo, coordenação motora.
- Não se esforçar, não tentar.
- Não estudar.
- Não fazer a lição, não ter responsabilidade.

É claro que esses mesmos dados podem ser reorganizados de maneira diversa, em outras categorias. Convidamos o leitor para in-

90 UM OLHAR SOBRE A FAMÍLIA

teragir com essa listagem, completando-a onde a sente falha, ou simplificando-a e reduzindo-a onde lhe pareça excessiva.

Quais os antecedentes desses problemas?

Em primeiro lugar precisamos lembrar que quem trabalha com pais e educadores, ao ouvir uma queixa, ou definição de problema, tem sempre que refletir:

- Quem é essa pessoa que se queixa? Qual sua relação com a criança? Quais seus sentimentos em relação a ela?
- Quais as conseqüências, para a criança, dessa definição do problema?
- Quais as conseqüências para o cuidador que se queixa, da definição do problema?
- Que tipos de práticas podem resultar de tal diagnóstico do problema?
- A quem interessam?

É óbvio que não podemos endossar cegamente toda queixa que é feita sobre um problema infantil. Também não podemos ter a pretensão de achar que sabemos, com certeza, o que é normal ou patológico para uma criança, mas também não podemos ficar de mãos atadas por essa dúvida imobilizadora. Nosso trabalho carrega consigo o desafio e o dever de, apoiados nos valores da família e do grupo a que pertence a criança, assim como em estudos oriundos da Psicologia do Desenvolvimento, ajudar pais e educadores a intervir em situações vistas como problemas e que são percebidas como causadoras de sofrimento psíquico.

Qualquer uma dessas situações vistas como problemas pode estar sendo influenciada por múltiplos fatores. Raramente temos uma causa única para um determinado problema. O mais freqüente é que cada problema tenha várias causas que interagem e que cada causa influencie vários problemas. Podemos organizar essas causas ou antecedentes em categorias, as quais não se excluem mutuamente.

Antecedentes físico-biológicos

Doenças, desnutrição, atrasos de desenvolvimento etc.

Antecedentes socioeconômico e culturais

- Pobreza – miséria.
- Desemprego, subemprego.
- Baixo salário.
- Sub-habitação (favelas e cortiços).
- Fome.
- Vivências de injustiça, exploração e abuso.
- Perda de raízes culturais.
- Migrantes num mundo diferente daquele de suas origens.
- Desvalorização das próprias culturas.
- Ideologia de consumo da sociedade capitalista.
- Identificação com figuras delinqüenciais – crianças convivendo com delinqüentes, que são percebidos como heróis e figuras bem-sucedidas.
- Violência: dentro e fora da família. Abuso sexual.
- Alcoolismo.
- Criança separada dos pais.
- Morte.
- Abandono.
- Pais internados por problemas mentais ou de saúde.
- Pais encarcerados.

Antecedentes escolares

- Classes escolares numerosas e heterogêneas, não permitindo uma atenção individualizada à criança.
- Falta de adequação do ensino à realidade e potencialidades da criança.
- Discriminação e preconceito contra o aluno oriundo de população de baixa renda.
- Falta de recursos e de material didático adequado ao ensino.
- Comportamento do professor, que não estimula nem recompensa o aluno quando este se esforça ou tenta aprender. Excesso de punição e crítica.
- Violência nas escolas.

Antecedentes familiares

Dificuldades as mais variadas de convivência familiar podem ser antecedentes ou estar agravando todo e qualquer tipo de problema que uma criança apresente.

Nos itens anteriores – antecedentes biológicos, socioeconômicos, culturais e escolares – pretendemos apenas apresentar um levantamento das possíveis origens dos problemas.

Neste item, ao analisarmos os antecedentes familiares, nos propomos a investigar em maior profundidade o que pode estar acontecendo numa família que gera sofrimento psíquico para as crianças. Acreditamos que uma maior compreensão do assunto por parte dos pais pode ajudá-los a melhorar a convivência familiar e a promover a saúde mental dos filhos.

Escolhi analisar três tópicos que minha experiência de trabalho de mais de trinta anos com famílias, tanto como terapeuta familiar em consultório, quanto com as famílias atendidas no CEAF, mostra serem os que mais freqüentemente estão originando sofrimentos e problemas infantis:

a) Insegurança afetiva.
b) Inconsistência de disciplina.
c) Problemas de comunicação.

Insegurança afetiva

Ao considerarmos a importância das relações familiares no desenvolvimento psicológico da criança, acredito que a função mais importante dos pais é prover os filhos de uma sensação básica de que são amados e que, em caso de necessidade, terão alguém com quem contar.

Revendo conceitos de Psicologia do Desenvolvimento Infantil, devemos lembrar que a fase que vai aproximadamente dos 7 meses até aproximadamente 3 anos é muito importante, porque nela a criança constrói suas primeiras *hipóteses sobre o funcionamento do mundo*, ou seja, são formadas suas expectativas sobre a realidade que a cerca.

São peças fundamentais dessas hipóteses a percepção que a criança tem de si própria e do comportamento de suas figuras de apego, pais e/ou substitutos.

É normal nessa idade que as crianças tenham manifestações variadas e intensas de vários tipos de comportamento de apego em relação a seus pais ou substitutos simbólicos.

a) Comportamentos que *iniciam interação*, tais como saudar, aproximar-se, tocar, abraçar, chamar, sorrir para a figura de apego.

b) Comportamentos em *resposta às iniciativas da figura de apego*, os quais servem para *manter a interação* (os descritos acima, mais olhar com atenção).

c) Comportamentos que têm o *objetivo de evitar separação*, tais como seguir, se agarrar e chorar.

d) *Comportamento exploratório, orientado com referência à figura de apego* (criança alterna entre explorar o ambiente e manter algum contato com a figura de apego, usando-a como uma base segura).

e) *Medo* ou comportamento de afastar-se, principalmente quando orientado com referência à figura de apego (fugir do estímulo aversivo para a proximidade da mãe; medo de estranhos a partir de 8 meses).

Esses comportamentos de apego são ativados somente em certas circunstâncias, mas os vínculos afetivos que unem a criança a seus pais, ou *apegos*, são duráveis e constantes. Tanto o comportamento de apego quanto os vínculos subjacentes estão presentes e ativos durante todo o ciclo vital, e não apenas na infância.

A criança cujos pais são disponíveis e receptivos para com suas demandas naturais de proximidade e afeto começa desde cedo a perceber a si mesma como "gostável" e aos outros como "gostando dela". Está construindo expectativas positivas quanto a receber e dar amor. Estabelece uma crença profunda e inconsciente de que, em caso de necessidade, tem com quem contar, de que é digna de receber amor e que é possível e vale a pena construir laços afetivos com outras pessoas. Em outras palavras, essa criança está desenvolvendo uma *segurança afetiva e uma boa capacidade de amar*, de rece-

94 UM OLHAR SOBRE A FAMÍLIA

ber e dar afeto, porque quem se sente amado aprende a responder com amor. Sua identidade básica está positivamente marcada pela sensação de *"Sou amada, logo existo"*.

Entretanto, nem sempre ocorre o quadro descrito acima. Muitos pais percebem o desejo natural de proximidade manifestado pela criança pequena como uma dependência excessiva, manha, chateação insuportável, enfim algo que não deve ser atendido.

Outras vezes, os pais estão vivendo situações de vida tão penosas (excesso de trabalho, miséria, desemprego, problemas afetivos pessoais, ansiedades de vários tipos) que não têm energia suficiente para atender aos apelos de carinho e proximidade feitos pela criança. Outras vezes ainda têm medo de criar um filho manhoso e dependente, têm idéias preconcebidas de que uma criança pequena deve ser independente e se virar sozinha e acham que devem contrariar tanta necessidade de proximidade e tanta ansiedade de separação para "educá-la" melhor.

Também é comum que adultos que não tiveram amor na infância tenham dificuldades de dar amor a seus filhos.

Só que, infelizmente, quanto mais se contraria as demandas naturais de proximidade e de afeto de uma criança, mais insistente, chata e dependente ela fica. Isso porque em suas hipóteses sobre o funcionamento do mundo ela começa a se perceber como "não gostável", "rejeitável" e a perceber aqueles a quem ama como pouco disponíveis e receptivos a seus anseios. Aprende que só se vigiar muito, for insistente, possessiva e controladora, é que consegue manter os outros perto de si e cria um círculo vicioso. Quanto mais possessiva e controladora a criança, mais aversiva se torna para o adulto que foge de sua companhia; quanto mais evitada e rejeitada se sente, mais insegura e, portanto, mais controladora e aversiva se torna. Essa criança mantém o radar sempre ligado e reage aos mínimos indícios de separação – quanto mais contrariada, mais esgota os pais sendo exigente de atenção, chata e grudenta. Não agüenta se separar nem por minutos, não aceita ficar sozinha em nenhuma situação nova.

Nos casos mais graves, em que a criança encontra muita rejeição e nenhuma disponibilidade por parte daqueles a quem ama, pode ocorrer um desligamento parcial ou total do funcionamento

ANTECEDENTES FAMILIARES DE PROBLEMAS NA INFÂNCIA **95**

amoroso. Em suas hipóteses sobre o funcionamento do mundo ela aparece como rejeitável, indigna de ser amada, e seus pais como rejeitadores, não gostando dela. Existe alta probabilidade de esse grave desvio ocorrer com crianças que são separadas dos pais e institucionalizadas na infância; a institucionalização é percebida como rejeição e abandono, gerando muita raiva, desespero, depressão, seguidos freqüentemente de dificuldades de se ligar afetivamente a outras pessoas, em especial se os pais substitutos não forem capazes de se mostrar bastante pacientes e amorosos com a criança. Constrói-se uma crença profunda e inconsciente de que não é possível amar e ser amada, e então a criança pode se tornar fria, arredia, aparentemente auto-suficiente e hostil para com as pessoas em geral. Por baixo dessa máscara de independência, agressividade e distanciamento afetivo há uma forte carência afetiva e um sofrimento perene. Esse é um quadro freqüente na história de vida de pessoas que se tornam delinqüentes e que demonstram alta intensidade de comportamento agressivo e destrutivo, por exemplo, vandalismo, violência e sadismo.

As hipóteses que uma criança constrói nos primeiros anos de vida podem se solidificar e enraizar nos anos restantes da infância e adolescência ou podem se modificar se tiver novas experiências de vida. Assim, por exemplo, mesmo se uma criança de 8, 10 anos tiver uma forte insegurança afetiva, esse quadro pode se modificar se as pessoas a quem ama se tornarem mais disponíveis e receptivas, ajudando-a a construir novas hipóteses sobre a possibilidade do amor entre seres humanos.

E o que tem a ver a insegurança afetiva com o "dia-a-dia" dos problemas familiares?

Existem alguns problemas muito comuns, que em geral estão sendo causados e/ou agravados pela insegurança e carência afetiva:

1. *Dependência excessiva* – em qualquer idade. A criança que tem muita ansiedade ao se separar dos pais, de dormir fora de casa, que solicita sempre muita atenção, que não desgruda, exaurindo dos pais com demandas infinitas e insaciáveis.

2. *Medos exagerados* em qualquer idade; criança ou adolescente que tem medos incompreensíveis e inapropriados para a idade. Por

exemplo, medo exagerado de escuro, de ficar sozinho em qualquer situação, de seres sobrenaturais, de aprender a nadar etc. Na grande parte dos casos de fobia escolar, não existem problemas reais na escola, mas sim insegurança de se separar das figuras de apego.

3. *Manifestações de raiva excessiva* e freqüente; agressividade intensa e desfuncional dirigida contra os pais, ou substitutos, contra outras crianças ou conduta autodestrutiva.

4. *Baixa tolerância a frustrações* – desobediência e rebeldia frente a todo tipo de ordens, incapacidade de aceitar os limites da realidade e as frustrações da vida diária; choro e manha excessivos.

Às vezes uma criança com insegurança afetiva manifesta um só desses sintomas; freqüentemente aparecem mais de um ou mesmo os quatro combinados.

Então, como agir quando supomos que a criança está insegura afetivamente?

A experiência indica que os pais ou substitutos precisam ser mais disponíveis e receptivos para com as demandas afetivas da criança, sejam elas expressas com clareza ou não.

Como orientação, sugere-se que o pai e a mãe reservem, cada um, quinze minutos de contato diário com a criança, com atenção bem individualizada, sem ninguém atrapalhando. Que esses quinze minutos sejam um momento agradável para os dois lados, um momento no qual a criança é nutrida afetivamente. Como se fosse uma vitamina diária, duas doses por dia. Por exemplo: quinze minutos de mãe ao acordar e quinze minutos de pai antes de dormir.

Além disso é preciso ser mais carinhoso, tanto com gestos físicos quanto com palavras: dar mais colo, mais agrado, elogio e manifestação de amor. Cada pai e mãe tem seu jeito próprio de mostrar que gosta do filho: um olhar, uma piscadinha, um sorriso, um elogio, um tapinha brincalhão, uma conversa...

É preciso que os pais entendam o porquê da necessidade de ser tolerante e paciente com as demandas excessivas de apoio e proximidade – quanto mais a criança for aceita em suas ansiedades, mais rapidamente se tornará segura e exigirá menos, ao contrário do que se poderia supor. Sugere-se ser mais paciente com as manifestações de raiva e ambivalência dirigidas contra os pais ou substitutos, e não revidar a hostilidade e rejeição que a criança porventura apresente com mais hostilidade e rejeição, para não agravar a insegurança.

Em outras palavras, é por meio do comportamento dos pais e dos adultos que cuidam da criança que ela pode modificar as hipóteses que fez sobre o funcionamento do mundo e a possibilidade de receber e dar amor.

Felizmente a capacidade de amar permanece em desenvolvimento durante toda a infância e adolescência e pode ser influenciada no sentido positivo, quando houver um mau começo.

Inconsistência de disciplina
e uso excessivo de punição

O que significa *consistência de disciplina*?

Consistência significa termos o mesmo tipo de atitude frente às mesmas situações.

Se para cada dez vezes que uma criança quer riscar a parede eu digo: "Está bem", então sou consistente. Se digo sempre: "Não, você não pode riscar a parede", também sou uma pessoa consistente. Entretanto, se para cada dez vezes que ela me pede, quatro eu reclamo mas deixo; duas eu grito, dou um tapa e proíbo; outras três finjo que não vejo, e a outra digo: "Coitadinha, você é muito boazinha, pode riscar só um pouquinho", então estou sendo uma pessoa inconsistente.

O que acontece se sou inconsistente? Em primeiro lugar, a criança fica muito insegura porque ela nunca pode prever o que vai acontecer. A segurança é ligada à previsibilidade.

Podemos até entender essa proposta comparando o trabalho do profissional autônomo com o trabalho do sujeito que é empregado. Imaginem o sujeito empregado que ganha R$ 2.000,00 por mês, mais férias, décimo terceiro salário – então ele ganha treze salários de R$ 2.000,00 por mês, R$ 26.000,00 por ano, mais adicional de férias.

Imaginem também um profissional liberal que ganha a mesma média anual, só que tem mês que ele recebe só R$ 1.000,00, tem mês que ele ganha R$ 3.000,00 ou mais, e tem mês que ele não ganha nada.

Qual dos dois é que vive na situação de insegurança maior, que fica mais ansioso? É o profissional autônomo, cuja vida e o futuro são imprevisíveis. Ele nunca sabe o que vai acontecer, e como não sabe o que vai acontecer, tem dificuldades em se preparar; porque a previsibilidade implica ser capaz de controlar; o que é imprevisível é incontrolável. Quando não podemos nos preparar para enfrentar o perigo, o nível de ansiedade aumenta muito.

Recapitulando, a primeira conseqüência de sermos inconsistentes é que as crianças ficam inseguras porque a vida torna-se imprevisível.

A segunda conseqüência de sermos inconsistentes é que a criança fica teimosa e chata porque ela percebe que em cada dez vezes que ela pede algo, em quatro ela consegue; com isso estaremos ensinando-a que se tentar muito, se for muito persistente e reclamar bastante, quem sabe acabará conseguindo. Portanto, estamos ensinando-a que teimar, reclamar e desobedecer são as melhores maneiras de se conseguir o que quer.

Só que se ela se comporta assim, além de o relacionamento se tornar muito áspero e ser muito chato para nós, há uma outra conseqüência negativa para a criança, que vai ser chamada de chata, teimosa, impaciente etc., desenvolvendo uma auto-imagem negativa, se percebendo como não gostável.

Um outro tipo de inconsistência é entre pai e mãe, ou entre diversas pessoas que cuidam da mesma criança, quando um fala uma coisa e o outro fala outra. Logo a criança percebe e começa a se prevalecer da situação, muitas vezes jogando, por exemplo, a mãe contra o pai e vice-versa, tentando tirar partido da discordância em benefício próprio.

Por que pai e mãe freqüentemente discordam tanto em questões de educação e disciplina?

Isso pode ocorrer quando pai e mãe foram criados de maneiras muito diferentes, tendo valores opostos. Ou, mais freqüentemente, quando existe uma desavença entre os dois, explícita ou implícita, e eles estão brigando por intermédio da criança, fazendo dela um campo de batalha, cada um contrariando as ordens do outro.

Então, como conseguir ser consistente, consigo mesmo e com o cônjuge, ou com outros que tomam conta da criança? Em primeiro lugar, queremos deixar bem claro que ninguém pode ser uma máquina de consistência absoluta; a inconsistência aumenta nos momentos de maior cansaço, insatisfação afetiva, problemas, menor disponibilidade etc.

Mas uma coisa muito útil é pai e mãe ou as pessoas que cuidam da criança pararem juntos para pensar e negociar quais são as regras que eles acham razoáveis para o funcionamento da casa. Quando se tem objetivos claros, é mais fácil ser consistente em torno deles.

Toda família precisa ter um conjunto de regras que podemos chamar as *"Leis da Casa"* para regulamentar o que é esperado do comportamento das pessoas, quais são os direitos e deveres de cada um.

A idéia não é ter uma *Constituição* complicadíssima, com 50 leis, mas sim um conjunto de regras simples, para prevenir conflitos nas áreas onde estão surgindo atritos mais freqüentes. Esse conjunto de regras não pode ser imutável; ele poderá se alterar com o passar do tempo, as necessidades da família e as situações vividas.

Não estamos falando de uma constituição baixada ditatorialmente pelos pais; as crianças, especialmente as mais velhas, têm toda condição para sentar à mesa e negociar, propor acordos, alternativas etc. Mas vale lembrar que, em última análise, uma família não é uma democracia perfeita, onde todos têm direitos e deveres iguais; a função do pai e da mãe muitas vezes obriga a restringir a liberdade da criança com intuito de protegê-la e prepará-la para a vida. Um adulto pode manejar uma faca afiada, atravessar uma rua movimentada, sair à noite sozinho. Uma criança pequena corre riscos ao realizar as mesmas coisas.

Em compensação, um adulto tem uma série de deveres e responsabilidades que uma criança não tem. É importante frisar esse ponto numa época em que muitos pais, por medo de serem repressivos, não conseguem impor nada aos filhos sem se sentirem como um sargento da Gestapo.

100 UM OLHAR SOBRE A FAMÍLIA

Voltando ao que foi dito, pai e mãe, com a ajuda dos filhos, precisam elaborar o conjunto das leis da casa. Quais são as características de uma boa lei, no que concerne às crianças? Alguns pontos são particularmente relevantes:

1. Uma lei tem que ser *adequada às:*
   a) *necessidades da(s) criança(s);*
   b) *necessidades dos pais ou substitutos;*
   c) *expectativas do grupo sociocultural.*

Cada lei tem que ser como um banquinho de três pés; que não pode ficar capenga, e esse ajustamento às vezes é uma tarefa difícil.

a) Uma lei tem que ser ajustada às necessidades e características das crianças da família – idade, sexo, características de personalidade, tudo isso tem que ser levado em conta. Não costuma funcionar uma lei que obriga uma criança de 5 anos a deixar a casa inteira limpa, nem uma lei obrigando um adolescente a dormir às 8 horas da noite.

b) Uma lei também tem que ser adequada às necessidades e características dos pais. Se eu sou extremamente bagunceira, não é possível exigir que as crianças sejam superordeiras, porque não vai dar certo. As leis têm que estar ajustadas aos valores dos pais, o que exige um trabalho extra de negociação entre eles quando esses valores são muito diversos.

c) Uma lei tem que ser também razoavelmente ajustada às expectativas e valores do grupo sociocultural onde vive a criança; se todas as meninas da turma usam minissaia, será difícil proibir a filha adolescente de usar. Acho que esse é um ponto muito delicado porque levanta a questão de quanto o indivíduo deve ou não se adaptar às normas da sociedade, sejam elas quais forem, mesmo que consideradas opressivas e injustas. Mas não podemos fazer dos filhos um campo de prova e um estandarte de nossas convicções, porque eles poderão sofrer muito com isso.

2. *Uma lei tem que ser clara e simples*, evitando complicações de interpretação – e quanto menor a criança, mais clara e mais simples.

Uma criança pequena entende, por exemplo, a regra "Tem que tomar banho antes de dormir". Já para o pai ou mãe pode parecer adequada uma lei do tipo: "Quando a criança estiver muito suja, deve tomar banho antes do almoço, mas se estiver limpinha, pode ir para a escola sem banho; e deve tomar banho de tarde, em dia quente, mas de manhã, em dia frio, e se eu quiser posso mandar tomar banho na hora que quiser".

Por ser de extrema coerência do ponto de vista dos pais, do ponto de vista da criança é inconsistente. Uma lei até mais rígida, porém mais simples, é mais fácil de cumprir. Então não se deve tentar fórmulas que às vezes, em busca de justiça, acabam aparecendo para a criança como uma inconsistência. Quanto menor for a criança, mais dificuldade de abstração ela tem, e precisa estar amparada em leis muito claras e ancoradas em algo mais concreto. Um conjunto de leis simples ajuda a criança a entender e assumir suas responsabilidades.

3. A terceira característica importante é que *toda lei precisa ser exeqüível*, ou seja, possível de ser posta em funcionamento.

Quando se baixa uma lei que não se tem condições de tomar conta nem de pôr em funcionamento, isso só serve para desmoralizar a autoridade e desmoralizar as outras leis também. Só se deve legislar onde dá para fazer cumprir. Caso contrário, é melhor entregar os pontos temporariamente e esperar uma época em que seja possível renegociar o assunto.

4. Em último *lugar, uma lei tem que ser coerente com as outras leis e com o exemplo de vida dos pais*. Se detesto verduras e não ponho no meu prato nem uma folha de alface, não adianta querer forçar meus filhos a comer verduras nem tentar moralizar em cima deles com a história do Popeye e o espinafre.

Outras vezes, sem perceber, temos expectativas contraditórias e acabamos exigindo que a criança "assobie e chupe cana" ao mesmo tempo. Queremos que a criança seja extremamente obediente e submissa conosco, até mesmo servil, e seja arrogante, forte, bata no coleguinha, enfrente os amigos da rua, não traga desaforo para a casa.

102 UM OLHAR SOBRE A FAMÍLIA

Precisamos perceber quantas vezes exige-se dos filhos coisas que não se é capaz de fazer, porque os filhos são aqueles a quem se atribui a tarefa de acertar onde não acertamos. A criança que recebe dupla mensagem, que é exposta a comunicações ambíguas e contraditórias, sofre grandes prejuízos. Esse assunto é analisado no item VI – "Problemas de comunicação".

Onde legislar?

Nas áreas onde está havendo atrito, onde, portanto, são necessárias regras para evitar conflitos, discussões e ressentimentos de ambas as partes. A maioria das famílias sente necessidade de leis relativas à rotina doméstica. Por exemplo, horários, uso do espaço físico (onde pode brincar, estudar, comer). Às vezes são necessárias leis para determinar os direitos e deveres de cada um.

Cada família precisa refletir sobre suas necessidades. Após o que foi dito, fica claro que não cabe ao psicólogo ou a nenhum outro profissional determinar quais as leis adequadas a esta ou aquela família.

Vale ainda uma palavra de cautela – as leis têm o objetivo de organizar a disciplina e facilitar a convivência diária.

Isto não quer dizer massacrar as crianças com uma constituição repressora que só enfatiza os deveres das crianças, exigindo delas tudo o que os adultos desejam ou acham certo. Em certas famílias, espera-se que os filhos ajam absolutamente de acordo com a vontade e a comodidade dos pais, deixando em segundo plano as necessidades reais das crianças.

Muito bem! Então, escolhidas as leis de casa, e supondo que elas sejam adequadas, claras, exeqüíveis e coerentes, como conseguir que funcionem?

Em *primeiro lugar*, é fundamental comunicar claramente o que se quer, sem subterfúgios. Expressar o pensamento e sentimento de maneira direta e ser firme, persistente e consistentemente firme, com o apoio das leis que são conhecimento de todos da família.

Em *segundo lugar*, e aqui vem o mais importante, freqüentemente temos que mudar os métodos de ensinar comportamentos adequados às crianças.

A maioria dos pais e adultos primeiro expressa o que deseja (ensina verbalmente) e depois, caso a criança aja de maneira considerada "errada", usa a punição. A punição pode vir de várias formas – críticas, reclamações, cobranças do que ficou faltando, gritos, castigos ou punição física.

A grande contribuição da psicologia da aprendizagem foi a descoberta que o uso da recompensa é muito mais eficiente para ensinar comportamentos adequados do que o da punição.

Trocando em miúdos, a melhor maneira de ensinar a criança a agir de maneira apropriada é recompensando-a pelo comportamento desejado e não punindo-a quando errada.

Há muitas maneiras de recompensar uma criança, desde comida, brinquedos, até aquilo que se chama *reforço social* – elogio, aprovação, apoio para os esforços e sucessos, agrados etc. –, ou seja, *recompensas que ocorrem no contato social e afetivo entre as pessoas*. A experiência mostra que o reforço social é o tipo de reforço mais natural, mais fácil de usar, sem efeitos colaterais, e que mais rapidamente ajuda a criança a internalizar as normas de comportamento.

É preciso aprender a reforçar os pequenos progressos em direção ao comportamento desejado. Se a criança não estuda e é péssima aluna, não se pode esperar que chegue um excelente boletim para então elogiar; isso provavelmente nunca irá acontecer.

É preciso estar atento a seus pequenos esforços na vida diária – *por exemplo*, propor que ela de início faça as lições, apoiá-la em suas iniciativas, ajudá-la nas dificuldades e elogiá-la quando conseguir. Com o tempo, além das lições, pode-se propor que estude a matéria dez minutos por dia, aprovando seus esforços. Não criticar se vier uma nota ruim (a nota é o produto final do comportamento de aprender), mas elogiá-la caso tenha tentado estudar. Enfatizar mais a atitude adequada (o processo de aprender) do que o resultado final, porque, a longo prazo, a nota vai refletir o conjunto total dos comportamentos diários, assim como na vida, em que atitudes adequadas tendem a produzir resultados adequados.

Isso exige uma mudança básica de atitude; em vez de reparar no que está ruim, dar atenção ao que está bom ou pelo menos melhorando.

Além de o *reforço social* ser muito mais *eficiente* do que a punição para ensinar e fortalecer comportamentos adequados, ele tem outras *conseqüências positivas*.

104 UM OLHAR SOBRE A FAMÍLIA

Em primeiro lugar, a criança que é elogiada constrói uma *auto-imagem positiva*, ou seja, passa a se perceber como boa, adequada, querida etc., e daí em diante age de acordo com a imagem que tem de si mesma. Se ela se acha inteligente, terá forças para enfrentar um problema de matemática que de início não compreende; ao se achar burra, nem vai tentar porque já sabe que não vai conseguir mesmo.

Em segundo lugar, o elogio, aprovação e atenção por parte dos pais criam um *clima de amor e segurança afetiva* na relações pais–filhos, fazendo com que a criança se sinta amada e valorizada.

Por outro lado, o *uso excessivo de punição* como meio de disciplina tem uma série de *efeitos indesejáveis*.

- Por um lado, a punição, por ser uma forma de atenção, embora negativa, pode servir para fortalecer os comportamentos indesejáveis. Os filhos preferem ser punidos do que ignorados; às vezes, fazer coisa errada é a melhor forma que a criança encontra para chamar e manter a atenção dos adultos.
- Além disso, a punição excessiva envenena as relações pais–filhos, criando raiva, agressividade e culpa de ambos os lados. Uma pessoa que pune muito torna-se aversiva, perdendo o poder reforçador; suas manifestações de afeto ou carinho deixam de ter valor.
- Por último, a crítica e punição excessiva contribuem para a criança formar uma *auto-imagem* muito *ruim*. Ela passa a se perceber como incapaz, incompetente, não gostável, e isso prejudica tanto sua eficiência ao agir no mundo, quanto dificulta a possibilidade de construir e manter vínculos afetivos duradouros e gratificantes.

Para encerrar, há ainda um aspecto ligado à disciplina que gostaríamos de mencionar. Uma criança, ao crescer, precisa desenvolver a sua *capacidade de lidar com os limites da realidade, de se ajustar às frustrações da vida diária.* Isso ela aprende se as regras de sua vida diária forem adequadas.

Numa educação excessivamente permissiva a criança cresce desprotegida e sem capacidade para lidar com frustrações. Numa educação excessivamente repressora, sente-se sufocada, não respeitada em suas necessidades básicas, e pode reagir com rebeldia ou submissão exageradas.

Então, em última análise todo esse assunto de consistência de disciplina tem que ser visto à luz do bom senso e do respeito às necessidades da criança – o que ela precisa aprender para enfrentar a vida com autonomia e segurança?

Porque o *objetivo final* de toda *educação* é preparar os filhos para um dia não precisarem mais dos pais, para serem capazes de traçarem sozinhos a rota de sua vida, construírem seu próprio destino.

Problemas de comunicação

Comunicação é o processo de *transmitir e receber mensagens*.

Tanto a transmissão quanto a recepção de mensagens precisam ser realizadas apropriadamente, para que a comunicação seja adequada; quando isto não acontece, aparecem então os problemas de comunicação.

Defeitos de transmissão

a) *Mensagens ambíguas e confusas* – quando o transmissor não fala claramente o que está pensando ou sentindo. Exemplo: "Mãe: *Zezinho, você vai repetir o ano de novo, precisa ser responsável, precisa estudar; só tira nota ruim e fica aí feito um idiota vendo TV. Está um solão, seus amigos estão na praça jogando futebol e você feito um tonto, aqui dentro...*".

Como esta criança pode entender o que a mãe quer dela?

b) *Mensagens incompletas*, pouco informativas; quando o transmissor não expressa seu pensamento por inteiro ou até o fim. Exemplo:

"Zezinho: *Mãe, que foi, você me chamou?*

Mãe: *É melhor você se mancar porque senão ninguém sabe o que pode acontecer; você sabe o que acontece, né? Eu sei o que você acha disso e sabe como é... eu já sei como vai ser...*".

c) *Mensagens desonestas* – quando o transmissor falseia a verdade, não expressando o que sente. Exemplo: pegar duas crianças

106   UM OLHAR SOBRE A FAMÍLIA

sem roupa em brincadeiras sexuais e dar a maior bronca ou surra porque não pode tirar a roupa senão pega resfriado.

d) *Dupla mensagem* – quando o transmissor dá mensagens incongruentes, uma contradizendo a outra; ou quando ele diz uma coisa, mas age de modo diferente. Exemplos: mãe que reclama que o filho não gosta dela, mas quando a criança se aproxima para um abraço, a mãe sempre o rejeita ou não corresponde; ou mãe que sempre diz para a filha adolescente tomar cuidado com os meninos, que homem não presta, mas estimula a filha a usar roupas provocantes, que a tornem um objeto sexual apetitoso.

e) *Atribuir aos outros o que se sente* – quando o transmissor não coloca seus sentimentos pessoalmente, mas como pertencentes a outras pessoas. Exemplo: *"Não xinga assim, não fala palavrão, você já está cansado de saber que seu pai não gosta..."*.

Na verdade, o pai do menino nem liga; é a mãe que não concorda com esse comportamento, mas não se coloca pessoalmente.

Defeitos de recepção

a) *Não escutar* o que o outro diz – quando o receptor não presta atenção, não leva em consideração ou mesmo nega o que o transmissor tenta dizer. Exemplos:

"– Zezinho, pega seus cadernos da escola!

– Já peguei, mãe.

– Anda menino, pega logo seus cadernos; ontem você esqueceu todos...

– Tô aqui, mãe, já peguei!

– Oh! menino, presta atenção! Pega logo seus cadernos antes que eu perca a paciência...".

Ou:

A criança que, após treinar muito pular corda, vai contar para a mãe, toda contente:

"– Mãe, consegui pular até dez sem errar!

– Ah!, sei...." (e a mãe continua vendo a novela).

Uma outra maneira de "não escutar" é interromper a transmissão do outro.

b) *Interromper a transmissão* do outro – quando o receptor não permite que o transmissor complete sua mensagem, passando por cima, portanto, do que ele queria dizer. Exemplo:

"Maria: *Mãe, o Zezinho está com problemas; eu vi que...*

Mãe: *Que nada... criança é assim mesmo! Você já fez sua lição, Maria?*".

A irmã queria comunicar que o menino estava se envolvendo com traficantes e precisando de ajuda.

c) *Adivinhar* o que o outro quer transmitir, ou fingir compreender algo que na verdade não foi entendido. Exemplo: Menino chega em casa machucado.

"Menino: *Mãe, mãe, mãe...*

Mãe: *Já sei, brigou de novo com o Joãozinho...*"

E o menino havia caído e se cortado em cacos de vidro.

É claro que não existe um comunicador perfeito e que todas as pessoas cometem alguns desses defeitos muitas vezes na vida.

O que queremos enfatizar é que a comunicação sistematicamente inadequada gera conflitos variados, cria insatisfação e frustração das necessidades individuais. Numa família onde não se consegue expressar com clareza o que se sente e/ou não se consegue ser escutado, é natural que os problemas não sejam resolvidos porque nunca podem ser negociados de maneira aberta e objetiva.

Se as necessidades permanecem insatisfeitas e os conflitos continuam não resolvidos, os membros da família têm vivências crônicas de frustração; os ressentimentos perduram no ar, gerando alto nível de agressividade, seja expresso de forma direta ou dissimulada.

Além disso, numa família onde a comunicação entre pai e mãe é defeituosa, os filhos têm pouca oportunidade de aprender a se comunicar bem – adquirem desde a infância uma maneira inadequada de receber e transmitir mensagens.

Resumindo, podemos ajudar a melhorar o estilo de comunicação da criança de duas maneiras:

a) Transmitindo as mensagens com clareza e adequação – expressando o que se pensa e sente de maneira não ambígua, simples e direta, num vocabulário inteligível pela criança.

UM OLHAR SOBRE A FAMÍLIA

b) Escutando o que a criança diz com atenção, estimulando-a a falar, ajudando-a a clarificar sua mensagem e checando com ela se aquilo que foi entendido foi realmente o que ela quis dizer.

Conclusão

Existem inúmeros outros aspectos da *dinâmica familiar* que podem estar causando ou agravando o sofrimento psíquico de uma criança. Escolhemos aprofundar a análise de três tópicos:

- segurança afetiva;
- consistência de disciplina;
- comunicação;

porque nossa experiência de trabalho com famílias nos mostra que são esses os temas mais relevantes, os alicerces de um funcionamento familiar que promove bom desenvolvimento nas crianças e adolescentes. Sua compreensão adequada, por parte dos pais e educadores, ajuda a melhorar sensivelmente o nível e a intensidade dos problemas apresentados pelas crianças.

Temos consciência de que esses três tópicos também podem ser aplicados ao comportamento das crianças institucionalizadas, em seu relacionamento com os responsáveis por seus cuidados.

Iniciativas que visem promover melhoria de comunicação, maior consistência de disciplina e maior segurança afetiva tendem a trazer benefícios imediatos e visíveis para as crianças e, portanto, uma melhoria geral no relacionamento das crianças com adultos e das crianças entre si.

Gilda Castanho Franco Montoro *é psicóloga clínica (PUC/SP), terapeuta de adulto, casal e família, com mestrado pela Southern Connecticut State University, analista junguiana pela Sociedade Brasileira de Psicologia Analítica, professora e supervisora de terapia de casal e família no Sistemas Humanos.*

5

Relato de duas experiências com os pais

ISABEL CRISTINA RAMOS DE ARAÚJO

Tive a oportunidade de conhecer o projeto ACAP (Atendendo a Criança Através dos Pais) no início de 1996, num curso de formação de coordenadores, dirigido por Gilda Franco Montoro. Era um projeto bastante interessante, que vinha atender às minhas expectativas de fazer algum trabalho preventivo com os pais. Tendo trabalhado alguns anos na área da educação, eu percebia a falta de um espaço onde os pais pudessem refletir a respeito das relações familiares e da educação dos seus filhos.

Levei a proposta do ACAP para uma instituição para a qual eu prestava um trabalho voluntário de atendimento psicológico individual. No primeiro semestre de 1996, foi assinado o contrato de compromisso e iniciada a fase de planejamento do projeto. O trabalho começou no segundo semestre de 1996. As reuniões aconteciam quinzenalmente e tinham duração de uma hora e meia.

Até o fim de 1998, trabalhamos com um só grupo, formado por cerca de vinte pais e três profissionais da área da psicologia. A partir de 1999, com o aumento do número de pais interessados, expandimos o número de grupos. Paralelamente, também cresceu o número de profissionais voluntários, já de outras áreas. No final de 2002, eram seis grupos de pais e oito profissionais voluntários atuando. Desde o início do trabalho sempre tivemos dois profissionais por grupo de pais e nos reuníamos quinzenalmente, nas semanas em que não tínhamos reunião com os pais, com objetivo de estudar e discutir os atendimentos.

Objetivos

Nosso objetivo no trabalho com os pais ou substitutos era:

- promover o bem-estar físico e psíquico da criança por intermédio da orientação aos pais e/ou substitutos;
- encontrar caminhos para resolver problemas já instalados, bem como prevenir problemas futuros;
- conscientizar os pais do quanto a criança é afetada pelas experiências vividas na família;
- fazer com que os pais e/ou substitutos percebam que são pilares importantes na vida das crianças;
- estimular os pais e/ou substitutos a desenvolver suas capacidades individuais e afetivas, para que a família possa ter valores e padrões de relacionamento saudáveis;
- promover em cada indivíduo a consciência e a confiança de que ele pode ser um agente transformador, que busque o bem-estar de sua família;
- discutir temas que afetam o dia-a-dia das crianças e das famílias atendidas, incentivando a comunicação, a reflexão e a busca de alternativas na solução de problemas e dificuldades;
- levar os pais a perceber seus recursos, bem como os recursos e dificuldades de seus filhos;
- resgatar nos pais o desejo e o prazer de aprender, como forma de sair do conformismo e da aceitação irrestrita de situações que julgam não ter saída;
- respeitar as propostas do grupo quanto aos temas a serem discutidos.

Estratégias

- reflexões sobre os temas abordados no grupo (por meio de leitura de textos, livros e da própria experiência que os pais trazem);
- utilização de técnicas de dinâmica de grupo (jogos, atividades lúdicas);
- leitura e vivência com contos de fadas;
- encontros interativos entre pais e filhos e entre pais e pais;
- dramatizações;

RELATO DE DUAS EXPERIÊNCIAS COM OS PAIS 111

- atividades criativas, como colagem, desenho, pintura, trabalhos com argila, brincadeiras infantis (sempre com o objetivo de sensibilizar os pais);
- palestras com outros profissionais (assuntos específicos).

A título de ilustração, relatarei duas experiências de um dia de trabalho com os pais.

Primeira experiência

A coordenadora pergunta a uma mãe que não comparecera à primeira reunião o que o esposo havia dito a ela sobre o encontro. Ela lhe responde que ele não havia lhe falado quase nada. Ele diz que havia lhe feito uma pergunta, "O que é família?", mas ela não soubera responder. A coordenadora então pede aos demais membros do grupo que digam a ela o que haviam feito na sessão anterior, e assim eles fazem.

A coordenadora prossegue, perguntando aos membros do grupo se eles haviam pensado sobre o que é família. Eles respondem que significa união, ajudar um ao outro, ajudar os filhos na escola ou com alguma dificuldade etc. Maria[1] concorda com os demais, mas diz que na sua casa não acontece nada disso, porque é "muito estourada, nervosa" e não tem paciência com as crianças. Conta que não dá muita atenção aos filhos porque trabalha fora como diarista e volta tarde para casa, mesmo aos sábados e domingos, muitas vezes por volta das 22 horas. A coordenadora lhe pergunta como havia sido a sua infância, e ela responde que não teve infância. Fica muito emocionada, começa a chorar e a falar sobre sua vida. Diz que os pais precisavam trabalhar e a deixavam sozinha em casa. Tinha 5 anos e passava o dia assistindo televisão. Quando sentia fome, fritava um ovo ou preparava algo para comer. Obedecia aos pais, não abrindo a porta para ninguém. Quando eles voltavam do trabalho, desligavam a TV para economizar energia. Maria tinha vontade de ir para a escola, mas os pais não deixavam, pois diziam que ela "não era boa da cabeça". Ela chorava por qualquer coisa.

---

1. Nome fictício. Esta mãe continuou freqüentando as reuniões de forma assídua e com bastante participação. Ela nos informou que deixou de trabalhar aos domingos para ficar com a família.

112 UM OLHAR SOBRE A FAMÍLIA

Quando os pais iam falar com ela, começava a chorar, e por isso tanto eles quanto um tio achavam que ela tinha alguma doença mental. Muitas vezes ouviu o tio aconselhar seus pais a levá-la a um tratamento psiquiátrico. Maria se revoltava quando ouvia tudo isso. Algumas vezes, foi levada ao manicômio, chegou a tomar alguns medicamentos, mas nunca foi internada. Não se conformava de ser levada a esse lugar onde havia pessoas tão perturbadas, sendo que ela não se sentia doente e não via necessidade de estar ali. Seus irmãos (duas irmãs e dois irmãos) eram tratados de maneira diferente e freqüentavam a escola. Ela era considerada a única anormal da família. Maria era obrigada a lavar a louça e deixar tudo em ordem. Quando os pais e irmãos chegavam em casa à noite, usavam e sujavam os utensílios domésticos, e ela chorava porque sabia que teria que lavá-los novamente. Passou a infância trancada em casa, sem amigos e sem brincar.

A coordenadora lhe mostra o quanto seu comportamento atual com a família estava relacionado à sua história de vida. Na verdade, Maria estava repetindo padrões que havia aprendido e vivido durante a infância. Assim, deixa seus dois filhos (de 9 e 12 anos) em casa e vai trabalhar. Volta tarde, deixando a eles a responsabilidade de manter a casa em ordem. O marido muitas vezes chega antes dela e prepara o jantar. Maria não costuma brincar com os filhos e se irrita quando o marido o faz. Os meninos sentem sua falta e gostariam que ela ficasse mais em casa com eles.

Maria comenta que nunca havia falado sobre sua vida com ninguém, exceto com o marido. Chora muito, mostrando-se muito angustiada e magoada com tudo que havia passado em sua vida. A coordenadora lhe diz que é importante reconhecer a raiva que sente da mãe, que a deixava sozinha em casa. Pergunta ao grupo como eles acham que uma criança poderia se sentir sozinha em casa, ao que todos respondem: com medo, angústia. Uma mãe sugere a Maria que deixe de trabalhar aos domingos, para ficar mais tempo ao lado dos filhos. Maria responde que, como o marido é serralheiro e não tem ordenado fixo, ela complementa o orçamento da casa. Outra mãe lhe pergunta se, deixando de trabalhar somente aos domingos, o dinheiro iria fazer tanta falta assim, e se não era mais importante dedicar esse tempo aos filhos. Maria fica refletindo sobre o assunto como se nunca houvesse pensado nisso antes. Uma mãe lhe sugere que, aos domingos, saia para passear com o marido e os filhos em lugares onde não precisem gastar muito, como parques, zoológicos etc.

A coordenadora pergunta a sua colega de trabalho se gostaria de fazer alguma observação, e então diz a Maria que o fato de ela ter raiva da mãe não significa que ela não a ame, mas que tem raiva das atitudes que a mãe teve com ela. Diz também que Maria parece querer compensar o tempo que havia ficado presa em casa ficando fora de casa, e que ela poderia aprender a fazer as coisas de maneira diferente, evitando os extremos e aprendendo a equilibrar a situação.

Maria mostra-se preocupada: será que no próximo encontro terá que relatar sua vida aos membros do grupo que não estão presentes? A coordenadora explica que não precisará fazer isso, e uma mãe completa dizendo que tudo o que se fala no grupo não é levado para fora da sala, que há um sigilo. Assim, Maria mostra-se mais tranqüila.

Observações das duas coordenadoras

Esse encontro enfatizou a problemática de Maria, embora isso não houvesse sido programado. Observou-se uma raiva muito grande da mãe, algo que ela guardava há muito tempo, impedindo-a de ver o que estava acontecendo em sua vida e em sua família. Esse encontro pareceu "desobstruir" esses sentimentos "lacrados" e inacessíveis, mostrando a Maria que sentimentos como raiva são comuns a todas as pessoas, e que ela não precisava se sentir culpada por isso. Maria mostrou-se mais aliviada, pois teve a oportunidade de "lançar" seu sofrimento e sua angústia num ambiente continente e tranqüilizador.

Segunda experiência

O trabalho do dia visa discutir o castigo e se os pais devem bater nos filhos ou não. A coordenadora pergunta aos integrantes do grupo o que eles acham disso e o que sentem quando batem nos filhos.

M 9 diz que, quando bate nos filhos, fica triste, sem vontade de comer. Se pudesse, não bateria. Diz que já bateu neles até machucar, e quando os filhos lhe perguntam por que bate neles, ela responde que é porque os ama.

M 21 acha que não se deve bater porque existe uma desproporção de tamanho, de tudo, entre pai e filho. Diz que viveu experiências terríveis, que a mãe batia muito nela e nos irmãos. Alguns silenciavam e outros enfrentavam. Diz que fez tudo o que os pais queriam para não apanhar. Comenta que tinha uma irmã que não chorava, e era nela que a mãe batia mais. Acrescenta que, já que o adulto agüenta tanta coisa, o que custa agüentar as crianças? A coordenadora lhe pergunta o que ela faz para educar os filhos. M 21 diz que tira as coisas de que eles mais gostam, mas não bate.

M 4 diz que não costuma bater, mas umas palmadas às vezes são necessárias, principalmente quando a filha a engana, dizendo que foi à escola e não foi.

M 19 diz que bateu muito no filho, a ponto de deixá-lo roxo, e procurou terapia por causa disso, porque também apanhou muito.

M 22 conta que bateu uma vez na filha, quando ela tinha 6 anos, e nunca mais. Diz que é ruim bater, porque, quando apanhava, ficava muito mal.

A coordenadora pergunta ao grupo quem ali já apanhou. Quase todos levantam as mãos. Então a coordenadora pergunta o que eles sentiam quando apanhavam, eram castigados ou agredidos com palavrões. As respostas são muitas: revolta, medo, ódio, mágoa, desamor, desrespeito, vontade de matar, de vingança. Há quem afirme que queria que o pai morresse; uma mãe conta que se casou para se livrar das surras; outra, que sentia muita raiva dos irmãos porque apanhava por causa deles. Uma diz que nunca conseguiu perdoar.

A coordenadora encerra o encontro dizendo que, naquele dia, haviam compartilhado um pedacinho muito doído da história deles e que acha importante terem esse espaço para colocar essas coisas que estão guardadas dentro deles por tanto tempo e que um dia, talvez, eles possam compreender melhor. Acrescenta que as experiências ali trocadas fazem-nos pensar na relação com os filhos, em quanto essas marcas interferem em suas relações, e convida todos a pensar se não estão repetindo com os filhos as mesmas atitudes dos pais.

RELATO DE DUAS EXPERIÊNCIAS COM OS PAIS   115

Observações da coordenadora 1

Foi um encontro bastante marcante, profundo, em que os pais tiveram um espaço acolhedor, protetor, para colocar experiências muito difíceis e doloridas. Também foi difícil para nós, coordenadoras, ouvir aquelas experiências traumáticas. O que me chamou a atenção foi o acolhimento, o respeito entre eles (pais) quando cada um retratava sua história.

Observações da coordenadora 2

Foi uma sessão em que algumas pessoas choraram muito, trazendo para fora seu sofrimento. Outros verbalizaram a raiva, o ódio e a mágoa de "apanhar". Acredito que, à medida que forem repensando sua história, lançando mais luz sobre ela, eles poderão se relacionar de uma maneira mais compreensiva com os filhos e entenderão de fato que violência gera violência. Fiquei muito mobilizada com as histórias que essas pessoas viveram, e imaginando se na próxima sessão não poderíamos discutir um pouco por que os pais deles batiam. Será que era porque não conheciam outra forma de educar os filhos? De que história eles não conseguiram se libertar para continuar repetindo o mesmo padrão? E os pais que atendemos vão continuar repetindo o mesmo padrão? Como sair dele? Talvez um caminho seria falar da infância, das coisas boas e ruins. Buscar a criança no adulto e deixá-la feliz; depois buscar o adulto.

Estes dois casos são um pedacinho da nossa experiência no trabalho de orientação aos pais, uma experiência que foi bastante gratificante e nos fez crescer como pessoas e profissionais.

Isabel Cristina Ramos de Araújo *é voluntária no Projeto ACAP. Psicóloga desde 1985, analista junguiana, trabalha com sandplay (jogo de areia) e tem especialização em terapia de casal e família.*

6

*Um espaço para
um novo olhar*

IVA FOLINO PROENÇA

Fiz faculdade de Psicologia já com 50 anos, os cinco filhos criados. Depois de formada, andei trilhando vários caminhos, mas com o tempo fui percebendo uma lacuna na minha formação: eu precisava aprender psicanálise, porque, embora acredite que não se pode viver só com ela, também não se pode viver sem ela.

Comecei minha busca sem querer me afastar muito do que já havia construído. Utilizo-me da abordagem sistêmica (Virgínia Satir) e da logoterapia (Viktor E. Frankl) no meu trabalho com terapia de família. Tomei conhecimento do trabalho desenvolvido no CEAF com famílias e soube também que, embora se reúnam ali profissionais de diferentes abordagens, a supervisora do grupo das voluntárias que trabalham com mães utiliza a psicanálise como referência. Entrei para esse grupo, o ACAP, e trouxe, para supervisão, o meu trabalho como voluntária numa instituição que recebe, em regime de semi-internato, crianças de famílias desorganizadas. O que faço é exatamente dar atendimento às mães com o objetivo de melhorar a vida das crianças. Calculei que, freqüentando o ACAP, teria um contato muito positivo com a psicanálise.

Se fôssemos dar um nome ao meu trabalho com as mães durante o ano passado, seria "Um resgate das brincadeiras de antigamente". Utilizando material reciclável, o grupo fabricou brinquedos como bilboquê, bola de pano feita de retalhos, saquinhos cheios com grãos de arroz para o jogo de "Três Marias", bonecas de pano, roupinhas de boneca, jogos de memória, quebra-cabeças. Sempre deixamos muito claro que elas não estavam apenas aprendendo a confeccionar brinquedos, mas criando um recurso para, nos fins de semana, tirar as crianças da frente da TV, para fazer com elas uma atividade gostosa, interessante. Além de estimular a criatividade das crianças, aquela seria uma boa oportunidade para elas estarem com seus filhos num momento descontraído e prazeroso.

A vida dessas mães e dessas crianças é de muito sacrifício. As crianças são deixadas na instituição entre 6h30 e 7 horas da manhã e apanhadas entre 5 e 7 horas da tarde. Algumas mães, dependendo do lugar onde trabalham ou da exigência dos patrões, só conseguem chegar mais tarde ainda. Até tomar um ônibus, geralmente lotado, e chegar em casa, elas só têm tempo de fazer uma refeição rápida – como arroz, ovo, salsicha (da mais barata) –, tomar um banho, fazer com que as crianças tomem também e cair na cama, mais mortas do que vivas, para dali a pouco (algumas têm que acordar às 4 horas da madrugada), ao ruído estridente do despertador, levantar-se, vestir-se, ajudar as crianças a se aprontar... e assim é durante toda a semana.

Nos fins de semana o que acontece? Elas, que passaram cinco dias limpando, lavando, passando, arrumando, pelo salário, agora têm que fazer tudo isso na própria casa, para a família. E as crianças? São impedidas de fazer qualquer reivindicação diante das repostas mal-humoradas das mães, que vivem no limite da sua resistência: "Não tenho tempo, não me atrapalhe".

O objetivo desse trabalho com as mães foi fazer com que elas dedicassem pelo menos meia hora do seu fim de semana para brincar com seu filho. Seria uma tentativa de ter um momento de proximidade com qualidade. Algumas trouxeram algum retorno, outras não conseguiram fazer um único brinquedo nas nossas reuniões.

Enquanto trabalhávamos, íamos conversando sobre o comportamento das crianças, a inadequação dessa moda nova que as meninas vêem na TV e querem imitar, sobre o relacionamento com os irmãos... Enfim, estávamos ali para fazer uma parceria para que a vida dos filhos delas fosse melhor.

Freqüentando o ACAP, a primeira "lição" que recebi foi sobre o objeto transicional (D. W. Winnicott). "Transacional"? Não, de transição, de passagem, de espaço transicional. Trata-se daquele objeto que a criança elege como mediador na sua separação da mãe, para que essa separação seja mais tranqüila ou, pelo menos, menos traumática. É o paninho, a fraldinha que é passada de leve no nariz, na bochecha, é a chupeta ou as chupetas – uma para chupar e outra para esfregar de leve no nariz –, é a beirada de seda do cobertorzinho que é enrolada e desenrolada entre o polegar e o indicador, é aquele determinado travesseirinho que é agarrado com força nos momentos de muito sono, de muito cansaço ou de algum desconforto, é a mantinha de tricô (ou de crochê, já não me lembro, faz tanto tempo...) que Marina, minha neta, requisitava nos momentos de sono, de manha provocada pelo cansaço, ou quando a gente não conseguia descobrir o porquê do choro... "Vovó, me dá minha mantinha..." Enfiar os dedinhos na malha do tricô trazia-lhe uma paz e um bem-estar que se irradiava ao seu redor. Um dia ela ficou para dormir na nossa casa e na hora do sono descobrimos que a mantinha não estava na sacola. Foi um deus-nos-acuda! E agora? Todo mundo saiu procurando algo para substituir a dita cuja. Achei uma almofada cujo tampo era de crochê... quem sabe? Mas que nada! "Ah... vovó, não dá pra 'buracá'..." Então é isso: o objeto transicional tem características inconfundíveis, tais como aspecto, textura, cheiro. É pessoal, insubstituível, e seu desligamento tem que ser feito com muita prudência e muito respeito.

Winnicott fala da existência de um espaço intermediário de experiência entre o mundo interno e o externo. Quando começa a existir um momento de separação da mãe, o bebê encontra no mundo externo um objeto e o elege, conferindo a esse objeto um significado único e especial. Assim, esse objeto se torna vivo, com valores e símbolos próprios, algo que torna a ausência suportável.

Quando a criança não vive uma experiência de transicionalidade, de ter um objeto transicional, de escolher um objeto e com ele imaginar, significar, brincar, não se desenvolve uma área para a criatividade, para a individualidade, e o viver fica empobrecido. Como conseqüência, a pessoa tem dificuldade de se relacionar, de criar vínculos. Esse princípio norteia nosso trabalho nos grupos de mães. A criança que subsiste dentro delas pode não ter vivido uma experiência de transicionalidade e não ter tido o seu objeto transicional. Então, trabalha-se no sentido de criar uma situação na qual, numa condição protegida, elas resgatem essa vivência, e a capacidade de criar vínculos desperte ou, se já existe, seja reencontrada.

Então ficou claro para mim que a proposta do trabalho deveria fazer eco dentro delas, que aquele momento deveria ser totalmente dedicado a elas. Deveria ser um momento para reflexão sobre um tema trazido por elas, um lugar onde teriam espaço para colocar seus sonhos, seus desejos, seus medos, suas angústias... onde se sentissem acolhidas. Coloca-se o respeito ao sigilo e à ética: o que é conversado no grupo não deve sair dali.

É claro que o grupo não funciona assim desde o primeiro dia. Existe um período de reconhecimento, às vezes maior, às vezes menor, em que a confiança se instala como resultado do comportamento do próprio grupo e das voluntárias, que procuram sempre trabalhar em dupla para facilitar o atendimento. O trabalho propriamente dito seria o instrumento que lhes possibilitaria realizar os valores de criatividade no trabalho concreto e, por meio dessa realização, aumentar sua auto-estima. No momento em que os vínculos são reforçados, as pessoas ficam abertas às manifestações que o mundo lhes endereça e que, de outro modo, muitas vezes lhes passam desapercebidas. Realizam o que, em logoterapia, identificamos como valores vivenciais.

O que poderia ser? Bicos de crochê em panos de pratos? Talvez. Fiz a proposta para o meu grupo de mães e a aceitação foi tão imediata que não restaram dúvidas de que o eco tinha acontecido: elas poderiam viver uma nova experiência consigo mesmas.

Bem, se as condições têm que ser protegidas, eu tinha que trabalhar no sentido de que tudo desse certo. Propus que eu compraria todo o material, levaria as notas e o valor seria dividido. Comprei um pacote de panos brancos já embainhados, agulhas de crochê, novelos de linhas coloridas. Na hora da reunião, coloquei tudo sobre a mesa.

Não é que Winnicott tem razão!? O entusiasmo com que elas receberam esse material me surpreendeu. Não era o mesmo grupo com o qual eu havia trabalhado no ano anterior; algumas já sabiam um pouco, outras nem sequer sabiam pegar na agulha... e foi aquele burburinho! A escolha da cor da linha foi outro momento de muita agitação. Faltou material porque, embora eu tivesse levado um pouco mais do que o número de mães que vinham participando regularmente, a notícia tinha se espalhado, fazendo com que o grupo quase dobrasse. As que já sabiam ajudavam as outras, todas muito concentradas na atividade. Decididamente não era o mesmo grupo de mães do ano anterior.

É provável que com essa vivência no grupo os vínculos aconteçam naturalmente, sem que seja necessário criar uma situação artificial para aproximá-las dos filhos.

Penso que, nesse espaço, tenho podido oferecer um novo olhar dessas mães para si mesmas, para seus filhos e para o mundo. Elas certamente poderão estabelecer, através dos "bicos de crochê", uma ponte com seu mundo interno, resgatando seu mundo imaginário, enriquecendo-se como seres humanos.

Iva Folino Proença, voluntária do Projeto ACAP, é psicóloga clínica, terapeuta de família e logoterapeuta.

7

Tecendo fio a fio os sonhos da vida

LÉLIA SOUZA DA SILVA

*Ariadne, filha de Minos,
deu a Teseu o fio que o ajudou
a sair do labirinto depois
de matar o Minotauro.*

A vida psíquica, diz Winnicott, pode ser entendida como uma gradual associação entre o estado de sono e o estado de vigília. Essa associação se dá por meio da brincadeira, num espaço potencial. Por intermédio de uma experiência de fazer uma manta de tricô com gestantes adolescentes, tenho podido acompanhá-las nesse momento em que o medo e o desamparo se misturam.

Fios de lã ...
Fios de sonho
Sonhei que meu bebê tinha nascido e que já era grande. Tinha uns seis meses, já falava e andava de mãos dadas comigo. Engraçado! No sonho tudo pode!

Ai! Tô muito nervosa hoje. Dizem que o sonho pode ser uma premonição. Sonhei que meu bebê tinha nascido com problemas nas pernas, não tinha os pés.

Sonhei que estava indo para a maternidade e que não deu tempo para chegar. O bebê nasceu no táxi. Por sorte o motorista conseguiu me levar para o hospital depois.

Sonhei que David nasceu. Ele era bem bonzinho quando estava no meu colo ou quando estava ao meu lado. Era só colocar no bercinho que ele abria o bocão. Chorava muito. Só se acalmava quando estava nos meus braços.

Sonhei que meu bebê era trocado na maternidade. Tinha tido uma menina e, na hora que ia sair do hospital, me entregavam um menino. Eu nem ficava chateada porque no fundo queria ter um menino. Sonhei que o meu filho tinha nascido. Quando acordava, ele já estava ao meu lado. Achei tão estranho, porque todo mundo diz que a dor é tão forte que lembra a dor da morte, e eu não tinha sentido nada. Parecia que o bebê não tinha nascido de dentro de mim.

Sonhei que o Bruno tinha nascido com duas cores de olhos. Um era azul e o outro era verde. Era muito esquisito. Senti aquilo como castigo, por não ter me alimentado direito na gravidez. Eu já ouvi uma história parecida com essa antes. Vou rezar muito para que estas idéias sumam da minha cabeça.

Compartilhando seus medos e aflições durante esses encontros, a adolescente tem a possibilidade de ir criando pouco a pouco um estilo próprio de ser mãe, enriquecendo-se na sua capacidade de viver criativamente.

Mariana chega muita aflita para o grupo e diz: *"Tive um pesadelo, sonhei que Mel tinha nascido e a minha vizinha, quando me entregava o bebê, dizia que minha filha tinha nascido morta".*

Esses são os fios de sonho que procuramos, pouco a pouco, ir tecendo durante nossos encontros. Vamos tentando tecer os medos, as ansiedades e todas as inquietações que acompanham esse período da vida da gestante.

No grupo, as emoções vão pouco a pouco formando uma trama. Com tamanho, cor, nome, destino, feito ponto por ponto. Esta tem sido uma maneira de ir construindo e convivendo com o bebê imaginário que cada gestante traz consigo. Enquanto tricota, atendida em um ambiente terapêutico suficientemente bom, a gestante pode viver uma experiência especial, criando onipotentemente seu bebê, num registro imaginário, enquanto apenas tricota a roupa que no futuro envolverá o corpo que, no mistério existencial de uma nova vida, se desenvolve no interior de seu útero (Vaisberg, 2001).

Nas oficinas terapêuticas de criação, o tricô tem se revelado um material mediador interessante por facilitar o estabelecimento da

TECENDO FIO A FIO OS SONHOS DA VIDA **123**

relação fantasmática entre a futura mãe e seu bebê imaginário. E que, ao que tudo indica, se inscreve num processo de construção de contato com o corpo real da criança que nascerá.

Enquanto tricota um casaquinho cor-de-rosa, Mariana comenta: *"Fico imaginando Mel vestida com este casaquinho. Ela vai ficar linda!"*. E me pergunta: *"Lélia, você sabe fazer aquele saco protetor que costuma se usar para sair com o bebê da maternidade?"*. Eu, Lélia, na verdade nunca confeccionei algo parecido. Mas sinto que elas vão me estimulando e me entusiasmando com a possibilidade de tricotar novas tramas. Digo que não sei, mas que, se ela quiser, podemos tentar. Ao que ela me responde: *"Sabe por quê? Imagine você a Mel usando um casaquinho cor-de-rosa, sapatinho cor-de-rosa e esse saco protetor branco! Já fico emocionada só de pensar neste momento. Quero fazer com uma lã bem fininha e bem caprichado. A minha sorte é que vou ter bastante tempo para ficar aqui e poder fazer tudo isso! Será que vai dar tempo?"*.

Gabriela: *"Pena que eu vou ter bebê semana que vem, mas a Lélia vai me ajudar a terminar o casaquinho, não vai, Lélia? Ah, sabe outra coisa que eu queria saber? É se eu posso continuar no grupo depois que tiver meu bebê. Tem sido muito legal pra mim. Nunca pensei que pudesse fazer um sapatinho de tricô para o meu bebê! Quando morava no internato, aprendi a fazer tricô, mas achei que não fosse servir para a minha vida. Você sabe que meu marido me viu tão envolvida com o tricô que quis aprender a fazer, e fez um sapatinho?"*. Nessa hora, tira da sacola o sapatinho confeccionado pelo marido. As outras gestantes e eu ficamos bastante surpresas. E Gabriela continua: *"Lélia, você me ensina a costurar o sapatinho? Só que meu marido pediu para que eu não costurasse o dele. Ele mesmo quer fazer"*.

Bárbara: *"Estou gostando de fazer, mas às vezes me sinto uma velhinha assistindo TV e tricotando. Outro dia fiquei pensando que já tenho uma coisa para fazer quando ficar velhinha"*. Ao que Bruna responde: *"Você deve se orgulhar disso. É algo feito pelas suas mãos. E tem mais: quando ele nascer, vou dizer pra ele: Tenha muito orgulho da sua mãe, porque, enquanto você estava na minha barriga, já imaginava o dia que pudesse te contar que aprendi a tricotar o teu primeiro sapatinho. Isso é*

124 UM OLHAR SOBRE A FAMÍLIA

uma relíquia. Guarde com muito amor, para contar a história para teus filhos. Não é mesmo, Lélia?".

Júlia: *"Vocês sabem que nunca pensei que pudesse me distrair tanto ao fazer tricô? Sinto que estou fazendo algo útil. Não vejo o tempo passar. Fico tão envolvida que, quando me dou conta, já está na hora de ir para o colégio".*

Penso que, dessa forma, a futura mãe se permite brincar ao construir algo, à sua maneira, para o seu bebê. Vive, concretamente, a ilusão da presença do bebê que ainda está para nascer. Experimenta como é ser mãe, que tipo de cuidados deve ter com o bebê que está para chegar. Isso nos lembra o que Nietzsche dizia: "A maturidade do homem consiste em ter reencontrado a seriedade que uma criança colocava nos jogos".

Vaisberg afirma que a arteterapia de inspiração winnicotiana se faz a partir do reconhecimento de que a coexistência, a intersubjetividade, é a dimensão fundante do existir humano, de modo que toda psicoterapia é potencialmente um encontro humano devotado.

Se a gravidez é um processo natural, nem por isso deixa de ser uma mudança significativa. Exige da mulher um processo de acomodação em si e no seu ambiente imediato. Estimula a sua sensibilidade, ainda que sob a forma de ansiedade. Atendê-la nesse processo, oferecendo-lhe um ambiente suficientemente bom que permita que surja o gesto criativo, é estar com ela, dando forma, tecendo ponto a ponto com ela, o sapatinho, a manta... Prepará-la para receber o bebê em seus braços.

Convivendo com essas gestantes adolescentes, observo que o que suscita o medo nas pessoas não é aquilo que pode ser visto, mas aquilo que só pode ser sentido. Temos medo do que não vemos. Por quê? Porque é do invisível, das coisas secretas que moram no coração, que nasce tudo o que depois se vê.

Luana expressa isso quando me pergunta: *"Lélia, você já ouviu falar que existe a Mãe Terra ou a Mãe Benta, que vem fechar o buraco que fica dentro da gente quando o bebê nasce? Dizem que ela fica lá um tempo, costurando o buraco. É engraçado, porque a gente sente alguma coisa mexer lá dentro, depois a coisa some. Não comentei isso com o médico porque senti vergonha e ele podia me achar louca".*

TECENDO FIO A FIO OS SONHOS DA VIDA 125

Para finalizar, gostaria de dizer que a arte, que une ponto por ponto, que com os fios dá forma e consistência, pode criar um sentido pleno de significados para a trama de uma vida que tentamos desenrolar, e enrolar, por toda uma vida. Como o fio de linha interminável de Ariadne, que conduziu Teseu pelo labirinto ao encontro do mítico Minotauro. Assim as adolescentes gestantes vão tricotando, ponto a ponto, a manta, o sapatinho, que envolverão seu bebê no colo, preparando-se para a sua dupla tarefa: a de viver o impacto de estar gestando um bebê e de ser mãe, a um só tempo...

Procuramos nesses encontros tecer o vazio. Construir, por meio de um gesto criativo, uma esperança singular.

Bibliografia

OUTEIRAL, José O., GRAÑA, Roberto B. *et al.* "Donald W. Winnicott – Estudos". Porto Alegre, Artes Médicas, 1991.

VAISBERG, T. M. A., SILVA, L. S., GRANATO, T. & MARCELO, E. F. "Tecendo a gravidez ponto a ponto: Arteterapia para gestantes na clínica winnicottiana". Trabalho apresentado no 3º Congresso Europeu de Psicopatologia da Criança e do Adolescente de AEPEA, Lisboa, maio de 2001. Publicado na revista *Mudanças*, São Paulo, outubro de 2001.

WINNICOTT, D. *O brincar e a realidade.* Rio de Janeiro, Imago, 1975.

Lélia Souza da Silva é psicanalista e voluntária do Projeto ACAP na Comunidade Einstein Paraisópolis no atendimento em arteterapia a gestantes adolescentes e no Laboratório de Saúde Mental "Ser e Fazer" do Instituto de Psicologia, Departamento de Psicologia Clínica da Universidade de São Paulo.

8
Terapia comunitária – um subprojeto do Projeto de Terapia Familiar

LIA FUKUI
MARIA DA SALETE LEITE VIANNA

Todas as semanas, de seis a oito famílias solicitam terapia no Projeto de Terapia Familiar no CEAF e ficam numa fila de espera para atendimento. As dificuldades para atendimento são de várias ordens: incompatibilidade de horário dos terapeutas disponíveis e dos grupos familiares; adequação do problema apresentado ao elenco de profissionais voluntários do CEAF; obtenção de informações complementares que permitam melhor diagnóstico da demanda (exames de natureza psicopedagógica, psiquiátrica, informações adicionais das escolas etc.). Para atender a essa forte demanda é que foi criado o subprojeto Terapia Comunitária. Atendendo aqueles que ainda não puderam ser encaminhados para terapia familiar ou individual no projeto de Terapia Familiar, espera-se contribuir preventivamente para a saúde mental dos grupos familiares atendidos no CEAF.

Terapia Comunitária é uma técnica simples de trabalho em grupo, solidamente ancorada em teoria sistêmica, teoria da comunicação e antropologia cultural. Foi desenvolvida pelo dr. Adalberto Barreto, docente de Medicina Social da Universidade do Ceará, que trabalha no tema há mais de quinze anos e que tem divulgado a técnica por cerca de dezoito estados brasileiros.

O principal objetivo do projeto é "prevenir os efeitos do estresse cotidiano das populações de baixa renda, resgatando-lhes a condição de implementar as mudanças necessárias".[1] Busca-se

---

1. Penna, Apresentação. In: *Manual do terapeuta comunitário*.

"capacitar as unidades familiares a extraírem dos valores culturais os recursos criadores de uma nova consciência voltada para a construção de uma identidade pessoal e comunitária que age para agregar, vincular".[2]

O atendimento teve início em 28 de novembro, com uma equipe de cinco voluntárias: Lia Fukui, Liliana Marchetti, Maria Helena Lourenço, Maria da Salete Leite Vianna e Suzana L'Abbate Marcondes. Foram realizados encontros quinzenais, às quintas-feiras (segunda e quarta quinta-feira do mês). Numa primeira etapa – que foi de novembro de 2002 a junho de 2003 – foram realizados treze encontros. Participaram dos encontros 161 pessoas: 129 mulheres e 31 homens, numa média de 12 pessoas por encontro. O menor número de participantes foi 5, e o maior, 23. A participação nos encontros foi muito variada: duas, três, quatro vezes. Cinco vezes foi o número máximo que uma pessoa participou da Terapia Comunitária. A flutuação de população foi grande. Acreditamos que, uma vez atendidos pelo terapeutas do Projeto de Terapia Familiar, os usuários não acharam necessário voltar à Terapia Comunitária.

Os participantes podem ser classificados nas seguintes categorias: usuários em fila de espera: 99 pessoas, com idades variáveis, de bebês de meses a crianças de 3 a 13 anos, adolescentes de 14 a 16 anos e adultos; observadores: 29 pessoas, em média duas por encontro, em geral psicólogos estagiários do CEAF, terapeutas de família, terapeutas comunitários, coordenadores pedagógicos de escolas dos arredores do CEAF; e outros: 17 pessoas que não estão em fila de espera e não demandam terapia familiar, mas se interessam por terapia comunitária.

Os temas trabalhados foram: depressão por perda de pessoa da família, desemprego e falta de dinheiro, alcoolismo, separação conjugal, problemas com a educação de filhos adolescentes, discriminação, dependência de drogas e jogo no grupo familiar, problemas de educação e dificuldades escolares dos filhos, limites, maus-tratos.

Relatos ou depoimentos apresentados nas reuniões de Terapia Comunitária revelaram que algumas pessoas tinham tido diagnóstico psiquiátrico, passado por internações em hospital psiquiátrico,

---

2. Cf. *Manual do terapeuta comunitário.*

128 UM OLHAR SOBRE A FAMÍLIA

eram usuários de hospital-dia ou ainda tinham passado por períodos de atendimento psiquiátrico. No entanto, no âmbito de CEAF, buscavam solução para problemas relativos à educação dos filhos, relacionamento familiar difícil entre pais e filhos, entre irmãos ou mesmo entre avós e netos, na medida em que essas avós tinham se tornado mães substitutas. Ou seja: o foco da demanda era a solução de problemas da vida quotidiana, e não a cura da "doença". Em nosso entender, a "marca" da instituição orienta a demanda dos usuários. Encontramos uma disposição para a mudança, movimento desencadeado, provavelmente, pela simples busca de ajuda no CEAF.

Mas também houve dificuldades, principalmente no início. A mobilização dos usuários foi trabalhosa: na véspera da reunião, os participantes tinham que ser convocados por telefone. Outra dificuldade é a distância que os usuários têm que percorrer para chegar ao CEAF. Muitos não dispõem de meios nem de verba para o transporte. Essa dificuldade foi resolvida graças à gentileza do Projeto Cine Família, que cedeu vales-transporte para os usuários que declaravam não ter dinheiro para a condução.

Era nossa intenção que, com o passar do tempo, o grupo de Terapia Comunitária fosse auto-sustentável, isto é, os participantes fizessem uma contribuição para o lanche oferecido no final do encontro. Como o grupo foi muito instável, não foi possível implementar essa prática entre os usuários, muito embora aqueles que participaram mais de duas vezes tenham contribuído para o lanche do grupo.

Apesar das dificuldades, os resultados foram compensadores. O convívio em um grupo altamente heterogêneo permite maior compreensão do sofrimento humano. O relato da dor e do sofrimento isento de julgamento, como é prática na Terapia Comunitária, ajuda a despertar a solidariedade e a compaixão e, o mais importante, a organização de uma rede de relações que vai desde "dicas" sobre emprego, educação dos filhos, o modo de lidar com os maridos, a maneira de impor a autoridade na defesa dos filhos quando o companheiro passa dos limites, relações conjugais, a resolução de conflitos entre cunhados, até a troca de endereços e telefones, o que estabelece uma rede efetiva entre os usuários.

Em nosso entender, a convivência no âmbito da Terapia Comunitária ajuda a diminuir preconceitos, estereótipos sobre o louco, o favelado, o marginal, o viciado, pois, por meio dos depoimentos, a dor é personalizada e humanizada. Assim, foge-se da pré-noção e do estigma, tão característicos do pouco convívio e do contato formal e distante que marca a população das grandes cidades.

Lia Fukui é voluntária do Projeto Terapia Familiar do CEAF; doutora em Sociologia; professora aposentada da FFLCH-USP; pesquisadora do Nemge-USP; terapeuta comunitária.

Maria da Salete Leite Vianna é voluntária do Projeto Terapia Familiar, terapeuta comunitária, assistente social aposentada, graduada em Ciências Sociais/USP e Serviço Social/PUC-SP, ex-membro do serviço de colocação familiar do Juizado de Menores, ex-encarregada da agência da Zona Oeste do serviço de colocação familiar, ex-membro da equipe da Vara da Criança e do Adolescente da Lapa.

9

Trabalho voluntário no Brasil: por quem, para quem, por quê...

LIGIA S. FORJAZ LESBAUPIN

Estou convencida de que a importância do trabalho voluntário para a sociedade brasileira não se limita apenas às pessoas de baixa renda para as quais ele é voltado, mas também, e muito significativamente, para aqueles que o realizam. Podemos constatar alguns aspectos desses benefícios nos relatos de experiências pessoais em trabalho voluntário no CEAF feitos para este livro que você está lendo. Passo a relatar minha experiência, na qual enfatizo o aspecto de ampliação de "rede social" e ressignificação da existência com base numa ética de solidariedade e responsabilidade social.

Resolvi me dedicar ao CEAF movida pela consciência de que todos somos responsáveis pela qualidade da sociedade em que vivemos e por querer "fazer a minha parte" na construção de um Brasil melhor (alguma coisa além de simplesmente votar de maneira consciente e responsável). Essa percepção da necessidade e relevância da atuação de cada um de nós na superação dos nossos problemas sociais foi em parte herança dos tempos de minha participação no movimento estudantil a favor de uma melhor distribuição de renda no Brasil e contra a ditadura. Além disso, uma visão sistêmica "pós-moderna" da realidade evidencia a estreita interdependência e influência mútua da parte (indivíduo) em relação ao todo (sociedade, município, estado, país, mundo, universo etc.). Chega um momento em que "não dá mais para dizer que eu não tenho nada a ver com o que acontece além da porta da minha casa"!

Quando comecei a sentir os sintomas típicos da "síndrome do ninho vazio" (fase "normal" durante o "ciclo de vida" da família, na qual os filhos crescidos tornam-se a cada dia mais independentes e, portanto, a mãe (eu), cada dia menos necessária no seu dia-a-dia), resolvi direcionar um tempo do qual começava a dispor (além do exercício da minha profissão de forma remunerada) para voltar a me sentir útil e necessária para pessoas e para a minha comunidade. Qual não foi minha surpresa quando encontrei no trabalho no CEAF muito mais do que fui procurar. Além da extremamente rica troca de experiências e vivências com as famílias atendidas (bastante diferentes daquelas do consultório), encontro colegas de diversas profissões com os quais posso dividir trabalho, dúvidas, esperanças, novidades... Ou seja, minha "rede social" ampliou-se e diversificou-se. E, como meus filhos, sinto que continuo crescendo e me desenvolvendo!

Concluindo, o trabalho voluntário no CEAF, no meu entender, atua de forma profícua não só na resolução e prevenção de problemas nas famílias atendidas, mas também na ressignificação (emprestar novo sentido e significado) à existência daqueles que têm condições e se dispõem a (podem e querem) se dedicar a um trabalho não remunerado. Pode representar uma atividade preventiva de problemas também para parcelas significativas das classes sociais mais "favorecidas": mães (como eu) ou pais que sofrem da "síndrome do ninho vazio", pessoas que desejam diversificar suas experiências profissionais, aposentadas, parcialmente empregadas etc., de uma maneira integradora, na qual pessoas de diferentes classes sociais, profissões, idades, abordagens, idéias, religiões etc. se relacionam e trabalham juntas em prol de cada um, de todos, da comunidade, da cidade, do país.

Ligia S. Forjaz Lesbaupin, voluntária do Projeto Terapia Familiar, é psicóloga clínica e organizacional, terapeuta de adulto, casal e família, psicodramatista, mediadora.

10

Uma experiência com bebês e suas mães substitutas

MARIA CRISTINA GIL AUGE

Observar um bebê é sempre algo que nos fascina. Penso que isso se deve ao fato de que um bebê contém a possibilidade do vir a ser, do existir como pessoa. É como imaginar que o mundo sempre pudesse ser criado de novo por cada bebê.

O ser humano, na maioria das vezes, nasce provido de possibilidades de um desenvolvimento psicológico, físico e social que vai lhe permitir um existir total, mas, paradoxalmente, o bebê humano é totalmente dependente dos cuidados de outro ser, que deve acolhê-lo e atendê-lo em suas necessidades básicas de higiene, alimentação, sono e, principalmente, afeto.

Donald Winnicott, psicanalista inglês, dizia que só existe um bebê se existe o cuidado materno. Sem o cuidado materno, um bebê não pode existir. Considera a relação mãe–bebê fundamental para o desenvolvimento emocional de uma pessoa. Esclarece que, ao nascer, o bebê se encontra em um estado que denomina de "não-integração primária", caracterizado por um ego fragmentado e totalmente dependente dos cuidados maternos. A mãe, "suficientemente boa", aceita essa dependência absoluta, intuindo o que seu bebê necessita a cada momento, percebendo sua fragilidade e se adaptando às suas necessidades, dando sustentação à sua existência. Winnicott usa a expressão "suficientemente boa" porque considera que podem ocorrer falhas, inerentes e inevitáveis a todos os seres humanos, e não postula a existência de um ambiente ideal e perfeito, mas sim de um ambiente que ofereça sustentação e conti-

UMA EXPERIÊNCIA COM BEBÊS E SUAS MÃES SUBSTITUTAS 133

nência ao bebê, possibilitando que seu desenvolvimento ocorra sem grandes intrusões.

O desenvolvimento de um ser humano é um processo contínuo, mas vários autores concordam que as falhas no desenvolvimento emocional primitivo ou grandes intrusões que possam ocorrer nos primeiros anos de vida estão diretamente relacionadas com a compreensão de certos conflitos internos que emergem em uma pessoa, causando graves transtornos psíquicos, muitas vezes apenas em parte reversíveis. Essas questões me motivaram para um trabalho que atendesse crianças desde os primeiros meses de vida, por entender que as pessoas encarregadas de seus cuidados estariam exercendo uma "função materna" e, assim, interferindo no seu desenvolvimento psicológico.

Iniciei um trabalho voluntário no berçário de uma instituição que atendia 380 crianças e adolescentes de uma população carente. Ali, eles recebiam cuidados de alimentação, higiene, educação, esporte e saúde. No berçário, as crianças eram subdivididas em três grupos: de 3 a 10 meses; de 11 a 17 meses e de 18 a 24 meses. Cada atendente tinha sob seus cuidados dez crianças. Os bebês chegavam a partir das 6h30 e retornavam para suas casas, com os pais ou responsáveis, a partir das 17 horas.

Comecei a pensar que Irene, a atendente com quem iniciei meu trabalho, era mãe substituta de dez bebês ao mesmo tempo. Nossos encontros ocorriam no seu espaço de trabalho, o que me possibilitava observar diretamente como os bebês se relacionavam com o ambiente e com ela. Era uma grande sala, com dez berços, uma bancada com trocador, banheira, chuveiro e uma mesa no canto, com mamadeiras de leite e chá e alguns remédios pediátricos, onde estavam marcados o nome da criança e os horários em que deviam ser ministrados.

Inicialmente, houve certa confusão quanto ao meu papel na instituição. Foi necessário um período de adaptação, pois minha presença no grupo causava certo desconforto e estranhamento. Percebia que a atendente, sentindo-se avaliada, não demonstrava naturalidade e nem se colocava pessoalmente, sempre preferindo me apontar as crianças que julgava "com problema". "Olha este porque

134 UM OLHAR SOBRE A FAMÍLIA

ele é muito molinho, não segura a cabeça, não consegue sentar..."; "Este está com o pé torto, você não acha? Cai toda hora"; "Precisa ver esta que vive se resfriando, está sempre assim...", ela dizia. Eu percebia o carinho dedicado às crianças e como era difícil para ela compreender o trabalho que eu iria fazer, pois, como dizia: "Os psicólogos vêm aqui, olham, olham e vão embora...". Foi assim que entendi a necessidade de participar diretamente da rotina do grupo para estabelecer vínculos e facilitar a troca de experiências.

Eu passava uma manhã por semana com os bebês, e a Irene brincava com eles, levava-os ao pátio para tomar sol, dava banho, trocava fralda, ajudava no almoço, acolhia o choro, colocava no berço... Em poucas semanas, alguns bebês já me reconheciam: sorriam e esticavam os braços, pedindo colo ou apontando brinquedos para eu repetir minhas brincadeiras. A Irene estava mais espontânea e demonstrava mais confiança em mim, no trabalho que eu fazia ou, como ela dizia, nas "minhas dicas".

Nesse período eu já me sentia parte do grupo e resolvi propor algumas intervenções na dinâmica do berçário. Entendo que a repetição de experiências é um fator estruturante para o desenvolvimento emocional de um bebê. Por isso, torna-se de fundamental importância o bebê ter um lugar só seu, um espaço único, onde ele possa encontrar sempre os mesmos objetos, nos mesmos lugares, porque isso lhe dá a possibilidade de experimentar, conhecer e se adaptar ao ambiente.

Incomodava-me muito o fato de as crianças serem colocadas nos berços por "ordem de chegada", critério estabelecido para garantir uma seqüência nas trocas de fralda, banho, mamadeira, almoço, jantar etc. Expliquei a Irene a importância de um bebê ter um lugar que pudesse reconhecer como seu; que dormir sempre no mesmo berço, com os mesmos brinquedos, acalma, dá aconchego e segurança; que era importante chegar e ter sempre o mesmo cantinho, para poder olhar o mesmo móbile e brincar com os mesmos objetos, com a mesma claridade na janela; que cada criança tem um ritmo e um tempo únicos e as diferenças entre elas precisam ser respeitadas; e que eu sabia que a mudança que propunha seria boa para ela também.

Ela concordou com a mudança, com a condição de que, se não desse certo, voltássemos ao sistema antigo. Além disso, era eu quem deveria pedir autorização e justificar a proposta perante a coordenadora.

No mesmo dia, definimos um berço para cada criança. Irene dizia como percebia cada criança: quem dormia mais e precisava de um cantinho mais sossegado, quem precisava de mais higiene, quem já queria sair do berço e precisava ser mais observado. Assim, cada um teve o seu lugar. A sala mudou: os berços foram colocados nas laterais e sobrou um bom espaço no centro para o tapete, onde as crianças brincavam. Além disso, os berços foram personalizados: em cada um deles havia o nome da criança e a data do seu nascimento, para que pudéssemos acompanhar seu desenvolvimento.

Na semana seguinte, Irene me esperava sorrindo e disse: "A tua idéia de um berço para cada um deu certo. O berçário está um sossego. Dá até para estranhar tanto silêncio... Eles até dormem mais, sabe? Está mais gostoso e mais leve cuidar deles". Irene também foi ficando mais tranqüila, até conseguia sair por dez minutos para um café e me deixar sozinha com eles. Percebi que, quando dava banho e trocava os bebês, chamava-os pelo nome, e para cada um tinha um tipo de brincadeira; deixava-os mais soltos, permitindo movimentos mais livres para conhecerem seu corpo, como eu havia recomendado; e os deixava mais à vontade no chão, sem tanta preocupação com possíveis quedas.

Meu vínculo com Irene estava mais sólido, e ela podia me falar de sua experiência como mãe de cinco filhos. Penso que, cuidando dos bebês, ela talvez estivesse fazendo algumas reparações do seu papel materno, porque algumas vezes ela me confidenciava: "Se eu soubesse disso que você está me falando, eu teria feito diferente com o meu filho...".

Expliquei-lhe que por volta dos oito meses, quando começa a existir um movimento de separação com a mãe, o bebê encontra um objeto no ambiente externo – que pode ser o polegar, um brinquedo, uma fralda, um cobertor – e lhe confere um significado especial. Esse objeto é algo vivo para o bebê, tem valores e significados próprios, algo que dá aconchego, que acolhe, acalma, protege da tristeza, da angústia, do medo, algo que fica junto e que lhe pos-

136 UM OLHAR SOBRE A FAMÍLIA

sibilita suportar a ausência. O bebê tem necessidade de ter controle sobre esse objeto, o mesmo controle que ele gostaria de ter sobre a mãe e suas figuras de apego.

Esses são os objetos transicionais, na linguagem do psicanalista Donald Winnicott. Cada criança escolhe e investe emocionalmente em determinado objeto, que é único e insubstituível e nunca pode ser trocado. Talvez para um adulto dois ursinhos possam ser iguais, mas não para a criança, porque não têm o mesmo cheiro, a mesma textura, o mesmo valor, e é isso que identifica o verdadeiro objeto transicional.

Os objetos transicionais são precursores simbólicos, pois com eles o bebê substitui o objeto ausente. Ao mesmo tempo, o objeto transicional possibilita o encontro com o objeto que ele está representando, mantém unido e ao mesmo tempo separado o mundo interno do externo, permitindo o desenvolvimento psíquico.

Irene compreendia e repassava esse conhecimento para as mães, para que a fraldinha, o ursinho, a chupeta não fossem esquecidos, pois sabia que eles eram insubstituíveis. Eu percebia que os bebês estavam mais calmos, reconheciam seu espaço e balbuciavam com seus objetos espontaneamente. Entendi que deviam estar mais felizes, e eu tambem me sentia feliz com isso.

Compreender a importância de atender às necessidades afetivas dos bebês nos primeiros anos de vida foi um marco no trabalho com o berçário, com as atendentes e com a instituição. À medida que o tempo passava, o trabalho foi ficando não só mais eficiente, como mais autêntico e prazeroso. As atendentes sabiam que, para muitas daquelas crianças, o carinho recebido na creche era muito mais freqüente e constante do que o recebido em casa. Compreendiam a importância do seu trabalho e estavam disponíveis mesmo quanto a tarefa era exaustiva. Mostravam-se calmas e tolerantes com as crianças e referiam as diferenças individuais com muita pertinência. Percebiam a importância da família e a influência dos pais no desenvolvimento e no comportamento das crianças. Diziam: "Os pais brigam muito, e ele vê o pai bater na mãe, por isso chega aqui querendo bater. Tem que ter paciência pra ele perceber que não é assim"; "Ela é bem calminha... Eu vi a mãe, e ela também é sempre assim, calma com ela... Eu vejo quando ela deixa a nenê na creche.

UMA EXPERIÊNCIA COM BEBÊS E SUAS MÃES SUBSTITUTAS 137

Ela fala e dá beijo..."; "Ninguém tem muito tempo pra dar atenção pra ele em casa e ele só consegue chorando. Por isso ele faz assim aqui".

No grupo do berçário, já percebíamos que havia crianças emocionalmente mais comprometidas e definimos uma atuação que envolvia as famílias. Algumas crianças mostravam seu sofrimento psíquico por meio do corpo: ficavam sempre doentes, em geral com problemas respiratórios graves, permanecendo hospitalizadas por semanas; outras apresentavam um desenvolvimento psicomotor lento, eram passivas, isolavam-se, indiferentes a qualquer contato afetivo. Para as atendentes, estava cada vez mais claro que "os quietinhos" precisavam ser mais "olhados". Para esses, estabelecemos critérios diferentes. Se, com a maioria das crianças, havia mudança de grupo por faixa etária, com os mais comprometidos definimos padrões que levavam em conta uma melhor avaliação do desenvolvimento emocional e motor. Criamos uma "tabela de desenvolvimento" que nos ajudou a avaliar o grau de prontidão de cada criança. Além disso, determinamos que, para todos, a mudança de grupo seria gradual: a criança passaria por um período de adaptação no novo grupo até que estivesse adaptada e segura para mudar de turma. Essas mudanças também foram importantes para as atendentes, que podiam elaborar a separação "de suas crianças".

No trabalho no berçário dessa creche, que aconteceu por um período de sete anos, pudemos perceber que as intervenções precoces possibilitaram mudanças significativas, que se refletiam no desenvolvimento das crianças. As atendentes do maternal e do infantil comentavam que as crianças que tinham recebido esse atendimento no berçário eram mais calmas e participativas, e chegavam à pré-escola com maior concentração e interesse no aprendizado da leitura e da escrita. Eu compreendia que isso acontecia porque elas foram olhadas com afeto, puderam brincar e sonhar, estavam livres para se mostrar afetivamente e tinham mais facilidade para simbolizar e criar.

Existe um cartaz no berçário que diz:

> É muito importante que a criança se apegue a alguém, e sabemos que existem dois fatores importantes que determinam os primeiros apegos da criança:

UM OLHAR SOBRE A FAMÍLIA

– dar carinho e brincar com o bebê, ou seja, estimular a curiosidade, o contato com outras pessoas, as demonstrações de amor, rir e conversar com ele, demonstrar prazer na sua companhia.

– atender o bebê com rapidez quando ele está aflito, socorrê-lo quando está chorando, sofrendo, com dor ou com medo, ou seja, tentar aliviar o mal que ele sente.

Esses conceitos se tornaram práticas usuais na rotina das atendentes da creche. Elas sabem que os bebês que têm suas necessidades afetivas atendidas nos primeiros anos de vida começam a se perceber capazes de demonstrar seu afeto, se sociabilizam, crescem e aprendem que é possível e vale a pena construir laços afetivos com as outras pessoas.

Maria Cristina Gil Auge é coordenadora do Projeto ACAP, psicóloga clínica especialista em psicoterapia psicanalítica/USP e membro da Associação de Psicoterapia Psicanalítica de São Paulo.

11

A arte-educação no Projeto Caminhando

MARIA LÚCIA BIGHETTI FIORAVANTI,
com a colaboração de LILIAN NAKAMURA

... A experiência ocorre continuamente, porque a interação da criatura viva com as condições que a rodeiam está implicada no próprio processo da vida.
(Dewey, 1949)

É importante a disponibilidade para o encontro com o outro, com a abertura e a sensibilidade para abrir brechas de acesso ao seu pensar/sentir, levando-o a tecer diálogos internos que possam gerar ampliações, inquietações e novas relações. É preciso promover encontros 'entre um dos infinitos aspectos da forma e um dos infinitos pontos de vista da pessoa', como disse Pareyson.
(Martins, 2000)

No seu início, em 1996, o grupo de Arte-Educação do Projeto Caminhando contava com a participação de apenas duas arte-educadoras. Hoje transformou-se numa equipe multidisciplinar, constituída também por pedagoga, sociólogas e psicólogas. Fazem parte de seu quadro de orientadoras Selma Kuperman, Elisabeth Franco, Sílvia Fix, Andréa Castanho, Vera Sylvia Bighetti e Maria Lúcia Bighetti Fioravanti. A supervisão é feita por Lílian Nakamura e Lúcia Paiva, e a coordenação, por Maria Lúcia Bighetti Fioravanti.

Nossos alunos são crianças e adolescentes em situação de risco pessoal e social, provenientes de famílias que migraram para São Paulo de outros estados, tendo, portanto, perdido contato com suas raízes culturais, o que pode dar origem a sentimentos angustiantes de vazio emocional e de falta de referências, que em geral causam uma grande confusão de identidade cultural e um rebaixamento da

140 UM OLHAR SOBRE A FAMÍLIA

auto-estima. São crianças e jovens que tendem a expressar seus impulsos vitais de modo direto e imediato, às vezes por não dispor de formas alternativas de expressão e também pela ausência de experiências educativas que promovam meios construtivos para tal. Por esse motivo, desenvolvemos um programa de arte-educação (música e artes visuais), visando atender às demandas e necessidades de crianças e adolescentes e cuidando atentamente da qualidade desses encontros, que exigem análise e atitudes pedagógicas capazes de facilitar a leitura e a compreensão do mundo e a construção de novas significações.

Como o ser humano se constitui na relação com o outro, é preciso que, na infância e na adolescência, ele esteja inserido numa rede social que permita e auxilie o processo. O olhar de um indivíduo sobre o mundo tem relação com sua cultura, seu tempo, sua vida, despertando nele uma imagem mental. A arte registra essa imagem como expressão do mais íntimo, do mais reservado, de um ser humano, e pode ser usada como um rico instrumento educacional, tanto ao aliar o lúdico à construção dos processos psíquicos envolvidos na simbolização e na criação, quanto na expressão de sentimentos e conflitos. O que guardamos dentro de nós não é o real, e sim a representação simbólica que aparece em todas as culturas, pois o homem dá significado ao que vê, pensa e sente, traduzindo o real pela linguagem que se estabelece com palavras, gestos, sons, cores e formas.

O *rap* e o grafite, desenvolvidos com os jovens por algumas de nossas orientadoras, são exemplo disso, porque revelam o esgarçamento do tecido social e dos valores humanos e das instituições. São manifestações culturais riquíssimas, por meio das quais nossos alunos marginalizados pela sociedade (não marginais), que nunca tiveram aulas de música ou pintura, conseguem produzir uma estética que simboliza o real.

Acreditamos ser possível contribuir para que crianças e adolescentes consigam se situar no mundo e perceber as várias maneiras de olhar para aquilo que os cerca, para si mesmos e para o outro com uma atitude de compreensão crítica. A arte, em todas as suas formas, permite elaborar, e como a elaboração é terapêutica, nesse

A ARTE-EDUCAÇÃO NO PROJETO CAMINHANDO   141

sentido a arte é terapêutica, por ampliar significados e possibilitar a expressão simbólica de conflitos, emoções e desejos.

Aprender a ter um novo olhar significa perceber diferenças, definir qualidades, reconhecer sujeitos, objetos, acontecimentos e situações, sendo que interpretar o que se percebe não é uma operação espontânea, principalmente no que concerne às produções artísticas, pois nem sempre estamos preparados para viver a experiência estética. Por isso, como mediadoras de arte, tanto nas artes visuais como na música, procuramos estar disponíveis para o aluno, levando-o a tecer verdadeiras redes, assim como criar situações em que o encontro com a arte como objeto de conhecimento possa ampliar a leitura e a compreensão do mundo e da cultura, sempre enriquecidos pelas perspectivas culturais individuais de cada um dos jovens.

Buscamos, nos encontros, valorizar o cotidiano no qual se desenvolvem sensações, ações, sentimentos e pensamentos e se delineia a nossa forma individual de ser e de viver no mundo, pois sabemos que o conhecimento se constrói por meio da interação com a realidade e interpretá-la constitui o foco de nosso trabalho.

O que diferencia o homem do animal é
o exercício do registro da memória humana.

Vygotsky

Um exemplo de minha prática pessoal, já que cada formadora do grupo tem seu próprio estilo, foi a criação do "Registro do cotidiano", que consiste em pedir que o aluno faça registros durante a semana daquilo que lhe aprouver: cenas, seu bairro, sua família, seus amigos, sua escola, aquilo de que mais gosta ou menos gosta no lugar onde mora, seus sentimentos, suas emoções – enfim, um registro de seu olhar. No começo de cada encontro, nos reunimos num círculo e cada um expõe sua produção. É um espaço de interação para comentários, troca de idéias e de experiências.

Houve inúmeros momentos bastante ricos para o grupo. Um deles foi o caso de MG, menina de 14 anos, que registrou em desenhos todo o seu sofrimento por ter terminado um namoro. Foi um registro poético, que possibilitou ao grupo discutir questões da adolescência, como a "escolha amorosa", o "final de um relacionamento", "perdas". Falou-se de como as artes nos ajudam a expressar nossos sentimentos, tendo sido possível fazer uma conexão com a literatura por meio da leitura de poesias que se referiam ao "final de um romance". Essa socialização de pontos de vista do grupo é utilizada por todas as orientadoras, enriquece a mediação e serve para não colocar a voz do professor como a única correta.

O mundo cotidiano está cada vez mais dominado pela imagem, e a produção artística (seja ela visual ou musical) possibilita ao aluno pensar sobre a criação da imagem. A leitura da obra de arte (pintura ou partitura) capacita-o para essa decodificação, que no entanto precisa ser associada ao julgamento do que se vê hoje e em relação ao passado. Estando o aluno preparado para esse entendimento, estará também preparado para o entendimento da imagem em geral.

Quando trabalhamos com leitura de obras de arte, tanto de autores consagrados do passado como de artistas contemporâneos, a escolha da imagem obedece à demanda do grupo e a que alvo se quer atingir. Da mesma forma é trabalhado o conceito de música ativa, que implica fazer música, e não apenas tocar mecanicamente. De acordo com Silvia Fix, deve-se "usar a vivência musical como linguagem simbólica, para que haja a construção da relação, do laço social".

Nesses momentos acima descritos, nosso principal objetivo, como mediadoras, não é conhecer este ou aquele artista, e sim fazer com que o grupo perceba como homens e mulheres, em diferentes épocas, puderam, pela linguagem artística, falar de seus sonhos, de seus desejos, de sua cultura, de seus sofrimentos, de sua vida. Visa-se, enfim, a uma educação integral para a vida, no sentido de auxiliar a integração psico-afetiva-social.

Acreditamos também que as exposições da produção do grupo e as apresentações dos grupos musicais são essenciais para a valorização do trabalho das crianças e adolescentes, sua auto-estima, sua identidade e sua inclusão social. O reconhecimento público de suas obras são objetos de cultura, podem autenticar seus criadores como agentes sociais, possibilitando-lhes uma posição participativa na sociedade.

Segundo Vera Sylvia Bigletti, "nossos objetivos são definidos pelas competências relacionais (aprender a conviver), produtivas (aprender a fazer) e cognitivas (aprender a conhecer)". Procuramos propiciar espaços para que a elaboração de significações e a criação aconteçam, e acreditamos no jovem e em seu trabalho.

Bibliografia

BARBOSA, Ana Mae. *A imagem no ensino da arte: anos oitenta e novos tempos*. São Paulo/Porto Alegre, Perspectiva/Fundação IOCHPE, 1981.

DEWEY, John. *El arte como experiencia*. México, Fondo de Cultura Económica,1949.

FREIRE, Madalena (org.). *Instrumentos metodológicos* nº I. Observação, Registro e Reflexão; Série Seminários.

MARTINS, Miriam Celeste. *Instrumentos metodológicos* nº I. Contribuição para Observação, Registro e Reflexão; Série Seminários.

————. *Procurando brechas de acesso para o encontro sensível da arte.*Texto da Ação Educativa da Mostra do Descobrimento, 2000.

Maria Lúcia Bighetti Fioravanti é arte-educadora, pós-graduada em História da Arte pela FAAP, graduada em Artes Plásticas pela Faculdade Santa Marcelina. Desde 1997 atende grupos de adolescentes em oficinas de artes plásticas como voluntária do Projeto Caminhando. É coordenadora do grupo de Arte-Educação do Projeto Caminhando. **Lilian Maria da Graça Nakamura** é supervisora e coordenadora da supervisão do Projeto Caminhando do CEAF, psicóloga e psicanalista com formação pelo Instituto de Pesquisa em Psicanálise de São Paulo (Campo Freudiano) pós-graduada pelo Instituto de Psicologia da USP.

12

Acapeando

MARIA LÚCIA MANZIONE RIBEIRO

Era uma vez, algum tempo atrás, o início de uma grande história de amor entre uma assistente social (estudante de terapia familiar) e o ACAP, um projeto que desenvolve um trabalho com grupos de pais. A caminhada começa com uma entrevista para tornar-me voluntária do CEAF. Vários são os projetos, mas minha atenção se volta para o trabalho com grupos. As reuniões acontecem às segundas à tarde, e fico feliz ao descobrir que esse horário é compatível com minhas atividades.

Chego à reunião com certa insegurança, mas logo recebo o sorriso acolhedor de nossa supervisora e vou me sentindo mais à vontade para falar das minhas expectativas e da falta de experiência no trabalho com grupos. Ela vai explicando o significado da sigla ACAP – Atendendo a Criança Através dos Pais – e de que forma o projeto auxilia os pais em suas questões de educação, saúde e cidadania.

Conversamos sobre as propostas do projeto, as parcerias, a prática das integrantes do grupo, e como as solicitações de outras entidades são atendidas. Este trabalho é rico não só para os pais, mas também para nós, voluntárias.

Sou convidada a participar de um grupo coordenado por uma colega mais experiente, a fim de iniciar meu estágio em uma instituição no Morumbi. Coincidentemente, era a mesma na qual eu já

ACAPEANDO 145

realizava um trabalho de arte culinária com crianças. Meu desejo sempre foi trabalhar com mães da comunidade.

Iniciamos a reunião acolhendo as mães, nos sentamos em círculo e, ao lado de minha parceira, observo silenciosamente o desenrolar da reunião, os assuntos discutidos e os sentimentos que essas conversas vão suscitando. Enquanto ouço os relatos, vão surgindo emoções. Hora de tristeza, hora de admiração por aquelas mulheres, que em sua simplicidade mostram tanta força e garra. Recordo a canção de Milton Nascimento, "Maria, Maria", essas mesmas Marias que nesse momento participam da reunião.

Após alguns meses de estágio nesse grupo, sinto-me preparada para enfrentar meu grande desafio: coordenar junto com uma parceira o meu primeiro grupo. Minha nova parceira e eu iniciamos o contato com a coordenadora da creche. O pedido era que trabalhássemos com as educadoras que manifestavam um desconforto diante da crítica dos pais e um descompasso com a coordenação. Entre chás e biscoitos, minha parceira e eu fazíamos o planejamento do trabalho. Iniciamos nossas reuniões com algumas dinâmicas de grupo.

Fomos acometidas por uma grande insatisfação em relação ao nosso desempenho com as educadoras. Levamos o problema para o grupo de supervisão e discutimos o que poderia estar ocasionando esse desconforto. Decidimos compartilhar nossos sentimentos com a equipe da creche. Qual não foi nossa surpresa ao descobrir que elas sentiam o mesmo! Conversando sobre o nosso desconforto, retomamos o trabalho e, juntas, o reconstruímos.

Infelizmente, nesse meio-tempo, minha parceira teve que se afastar por problemas de saúde. Novas emoções foram surgindo: medo, insegurança, solidão. Novamente, o grupo de supervisão veio em meu auxílio. Conversamos sobre a possibilidade de eu continuar o trabalho sem uma parceira, já que naquele horário não havia ninguém disponível. Ao mesmo tempo, a creche também passava por uma mudança em sua coordenação. Marquei uma reunião com a coordenadora para conversarmos a respeito da continuidade do trabalho. Para minha alegria, as funcionárias haviam dado óti-

146 UM OLHAR SOBRE A FAMÍLIA

mas referências sobre as reuniões. Novos encontros foram então agendados.

As questões das educadoras também tinham mudado de foco: agora as crianças eram sua maior preocupação. Mas uma sensação forte me acompanhava: se as questões relacionais não fossem acolhidas, nosso trabalho não fluiria. Como uma família, a cada encontro conversávamos sobre as crianças (filhos), suas mães substitutas, os relacionamentos na equipe e a relação com os pais biológicos. Ajustamos o horário de nossos encontros e decidimos que o mais conveniente para todas era a hora do almoço, que coincidia com o "soninho" das crianças. Por esse motivo, as reuniões eram feitas com mais tranqüilidade.

Na mesma semana recebi um telefonema da diretora e marcamos uma conversa. O assunto era sua dificuldade nas relações profissionais com as educadoras. Segundo Renata Fonkert em seu texto sobre terapia sistêmica e o construcionismo social – "Terapia familiar sistêmica e concepção construcionista social", incluído no livro *Novos paradigmas em mediação*: "O ser humano não é um ser isolado, mas sim membro ativo e reativo dos grupos sociais. O indivíduo passa a ser visto como sendo parte de um complexo em que cada membro influi e é influenciado por outro em um interjogo relacional".

Com base nessa crença, conversamos sobre a possibilidade de incluí-la nas reuniões do grupo. Mas antes consultei o grupo sobre essa inclusão. As educadoras mostraram-se satisfeitas e concordaram com a idéia, e na próxima reunião mais um membro tinha sido agregado à família. A cada encontro novas questões iam surgindo: regras, horários, suas dificuldades na instituição. Tínhamos ampliado nossas discussões. Aos poucos, estávamos nos tornando uma "família", com regras próprias definidas por seus membros. Criamos uma programação para as nossas reuniões.

Ao caminhar por esta história, sinto que um grande passo foi dado na direção de transformar esta "família" numa delicada relação de cumplicidade e amizade. As conquistas foram muitas, e após dois anos encerramos o trabalho. Nesse período, quase todas estavam cursando a faculdade de pedagogia. Algumas preocupações apareciam de vez em quando, mas a coragem e a auto-estima adquiridas em nossos encontros falavam mais alto, transmutando o nosso cotidiano. Acho que posso dizer que esta história teve um final feliz.

Bibliografia

SCHNITMAN, Dora Fried & LITTLEJOHN, Stephen (orgs.). *Novos paradigmas em mediação*. Porto Alegre, Artes Médicas, 1999.

Maria Lúcia Manzione Ribeiro é Assistente Social com especialização em Gerontologia e faz sua formação em Terapia Familiar.

13

A triagem no Projeto Terapia Familiar

MARIA DA SALETE LEITE VIANNA

A triagem é a porta de entrada de famílias e indivíduos que procuram o CEAF em busca de ajuda para seus problemas familiares. Na entrevista da triagem, procuramos elaborar o perfil psicossocial de nossa clientela e procuramos:

- apresentar os objetivos da instituição;
- registrar a queixa concreta trazida pelo usuário;
- dar acolhimento do usuário como pessoa ou como grupo familiar.

Nesse primeiro encontro, um momento em que a confiança e a ética das relações humanas são fundamentais, leva-se em conta que "todo olhar é um olhar sobre o outro" e que, como diz um provérbio chinês, "todo caminho começa pelo primeiro passo". Isto quer dizer que esse primeiro passo deve favorecer os passos seguintes, de modo que o caminho da terapia familiar seja trilhado com sucesso. Priorizam-se as qualificações e a obtenção de informações factuais: idade, sexo, renda, profissão, moradia, relações de parentesco, vínculos considerados mais importantes pelos entrevistados e necessários à terapia familiar. As expectativas dos usuários na demanda de ajuda também são registradas, como mais um elemento que servirá à supervisão para encaminhar o caso aos profissionais adequados.

Todas as famílias que procuram a instituição são atendidas, independentemente da classe social ou da problemática que apresentam. A preferência no atendimento é condicionada aos objetivos da instituição, que prioriza famílias de baixa renda ou que se encontram em situação que não lhes permita acesso a recursos especializados.

A recepção das famílias que chegam ao CEAF demandando ajuda é efetuada por uma equipe multidisciplinar. Numa primeira entrevista, geralmente dois técnicos de especialidades diferentes atendem o(s) entrevistado(s): uma assistente social e uma psicóloga, ou uma assistente social e uma socióloga ou terapeuta de família. A supervisora do projeto, terapeuta de família, coloca-se à disposição nesses momentos para qualquer solicitação.

Após esse primeiro contato, é feito um relato à supervisora do projeto, no qual se discute a possibilidade de aceitação do usuário e o encaminhamento, seja para a terapia familiar, terapia individual, terapia comunitária ou para serviço especializado.

De uns tempos para cá, temos notado uma mudança no perfil da clientela do CEAF. Uma população da chamada classe média, em situação de desemprego, com perda de posição social e alteração no sistema familiar, tem procurado a instituição. Essa camada social apresenta conflitos inerentes à perda de recursos financeiros e de posição social, o que gera a necessidade de reciclagem profissional e reordenamento de despesas e orçamento. Decorre então a procura do atendimento especializado para lidar melhor com essas mudanças e equacionar a nova situação para os filhos.

__Maria da Salete Leite Vianna__ é voluntária do Projeto Terapia Familiar, terapeuta comunitária, assistente social aposentada, graduada em Ciências Sociais/USP e Serviço Social/PUC–SP, ex-membro do serviço de colocação familiar do Juizado de Menores, ex-encarregada da agência da Zona Oeste do serviço de colocação familiar, ex-membro da equipe da Vara da Criança e do Adolescente da Lapa.

14

Conflito entre proximidade e separação nas relações familiares

"Viver de morte; morrer de vida"

MÔNICA SOPHIA TOLEDO ZANOTTO

Introdução

Nos dias de hoje, os jornais estão repletos de notícias sobre pais que matam filhos, filhos que matam pais, maridos que matam esposas e algumas vezes se suicidam em seguida, netos que matam a avó. As pessoas, de modo geral, sentem-se ameaçadas e aterrorizadas frente a essas dramáticas situações familiares.

Outro fato que me chama a atenção é que, em jogos criados pela TV com o objetivo de aumentar a audiência, há situações em que a eliminação de uma pessoa é vista como a única possibilidade de vencer. No famoso *Big Brother,* por exemplo, as pessoas ficam confinadas em uma casa, criam vínculos, mas em determinado momento indicam exatamente uma dessas pessoas para ser eliminada. Assim, a "morte" (eliminação) de um companheiro possibilita a "vida" (permanência no jogo) do outro.

Nas *Lan houses,* casas de jogos de computador, os adolescentes que as lotam ficam horas concentrados em jogos em que há apenas duas opções: matar ou morrer. Existem ainda os inúmeros filmes em que violência e morte são tão comuns que se tornam banais.

A partir desses fatos e jogos, podemos pensar diferentes temas a serem abordados. Escolhi focalizar neste artigo o "matar ou morrer" como metáfora que retrata a impossibilidade de separação, tema recorrente nas famílias atendidas no CEAF. As palavras "vida", "morte", "matar" e "morrer" são muitas vezes usadas no seu sentido literal, possivelmente pelo uso indiscriminado e freqüente na comunidade.

Caso clínico

Em muitos momentos dos encontros com as famílias, nas sessões de terapia familiar, tive, como terapeuta, uma sensação da presença da morte, como se matar ou morrer fosse sentido pelas pessoas presentes como solução para os problemas. Em uma família, atendida alguns anos atrás, encontrei formas peculiares de encarar temas como separação e morte.[1]

Ana (40 anos) e Inácio (38 anos) procuraram terapia preocupados com sua única filha, Catarina, com 7 anos de idade, que apresentava dificuldades alimentares com início de desnutrição. Catarina chorava intensamente quando a mãe a deixava na escola para trabalhar e não aceitava qualquer tipo de alimento na escola.

No decorrer dos atendimentos com a família, Ana e Inácio relatavam situações de briga, ataques e desqualificações vividas com sofrimento intenso desde o início da relação. O casal não podia suportar a idéia de separação. A metáfora era "só a morte nos separa", ou seja, tinham estabelecido um pacto que parecia ser de morte.

Por meio das histórias trazidas pelo casal sobre suas famílias de origem, aparece na família de Ana, quando tinha 8 anos, o suicídio de sua mãe, quando seu pai foi para o Norte e não voltou como combinado. Na família de Inácio, o que ele considerava marcante na sua história era o fato de sua mãe ter sido prostituta, ter descoberto um câncer e não querer se tratar. Para ela, estar internada num hospital, mesmo para tratamento, era como estar indo para o matadouro.

Ana e Inácio juraram viver sempre juntos a qualquer custo, pois estar juntos significava a vida, situação oposta à de suas histórias de vida. O casal não conseguia ficar longe de Catarina e, por meio de duplas mensagens, dizia: "Você precisa ficar na escola. Mas cuidado! Ninguém sabe cuidar bem de você".

A dor desse casal foi aparecendo à medida que crescia a relação de confiança entre nós na terapia. O casamento parecia insuportável, a fusão nas relações familiares se tornava mais intensa, com impossibilidade de saída. Isso gerava um desespero familiar. A saída

---

1. No caso descrito, nomes e alguns detalhes foram alterados para não serem reconhecidos. Esta é uma norma ética adotada pelo CEAF em seus estudos de casos.

era vista pelo casal como separação, divórcio, que, pela experiência familiar, indicava a morte. Ao mesmo tempo, relatavam imagens de morte, desejo de morrer e matar o outro como única forma de escapar da dor e do desespero, como solução para resolver o impasse de não poderem se afastar.

Essas imagens de vida e morte eram relatadas de forma literal, e não simbólica. Assim, segundo Inácio, quando ele se afastava da esposa para trabalhar, ela sentia-se atacada mortalmente. Ele sentia-se impossibilitado de sair do seu lado. Quando o fazia, sentia-se culpado pelo sofrimento que causava. E, para Ana, a sensação era como se estivesse sendo "ferida de morte". Em determinado momento, Inácio diz que sente um sufoco imenso por não poder se afastar da esposa para nada. É como se estivesse vivendo uma morte lenta; como se faltasse oxigênio no ar para respirar. Para Inácio, é como se, para viver a própria vida, tivesse que "matar" Ana.

Foi usada na terapia uma metáfora trazida pelo casal, da mãe grávida que passou do tempo de parir. Perguntei a Ana o que aconteceria a um bebê se ficasse por mais de nove meses na barriga da mãe. "Morreria sufocado", ela respondeu. Foi possível pensar no sufoco de não poder nascer e de não poder ser. Essa imagem trazida pelo casal foi utilizada durante meses na terapia. Simultaneamente, Catarina foi podendo se alimentar melhor e ficar na escola sem choro.

Como a terapia ajudou esta família

Cuidadosamente, durante o processo terapêutico, fui construindo com Ana e Inácio um espaço em que as diferenças de cada um pudessem ser nomeadas e qualificadas. Acreditava que a diferenciação de ambos enquanto indivíduos lhes permitisse formar um par. Foi útil lembrar-me dos dizeres de Keeney, de que, quando a separação não é possível, a diferenciação e a individualidade ficam inviáveis, bem como a proximidade. A relação entre as pessoas deixa de ser algo que enriquece para tornar-se algo que aprisiona e asfixia.

A prática sistêmica nos possibilita ampliar a visão do individual para as relações familiares e os múltiplos sistemas envolvidos (grupo de supervisão, equipe multidisciplinar, famílias de origem, rede significativa para a família etc.). A utilização de genograma para o estudo das famílias de origem, uso de metáforas, discussões teóricas clínicas, foram recursos empregados para ampliar possibilidades no contexto terapêutico. O grupo de supervisão colaborou para trazer novas formas de pensar sobre as narrativas co-construídas nas sessões de terapia. O viver e o morrer foram ampliados para que o casal pudesse pensar nas diversas formas de vida e morte e seus significados.

Falar sobre vida e morte, morte em vida, relacionando esse tema com as histórias de vida de cada um, colaborou para a construção de novas narrativas na família. A família evoluiu muito bem. Ana e Inácio continuam juntos e mais livres para decidir seus caminhos.

Mônica Sophia Toledo Zanotto *é voluntária no Projeto Terapia Familiar do* CEAF, *psicóloga formada pela* PUC-SP, *especialista em Terapia Familiar pelo Programa de Serviço Social da* PUC-SP, *terapeuta individual, de casal e de família. Foi membro do* NUPEF-PUC-SP *de 2000 a 2002 e psicóloga do Hospital Psiquiátrico Estadual de Botucatu de fevereiro a junho de 2003.*

15

Os desafios de uma coordenadora de grupo – da instrução à construção

NAIR DE OLIVEIRA MENDES

Meu percurso no CEAF

As diferenças socioeconômicas e culturais entre os brasileiros, fonte de sofrimento para as pessoas de baixa renda, têm me convidado a reflexões desde a minha juventude. Quando iniciei o curso de Psicologia, em 1991, já tinha em mente participar de algum trabalho voluntário, caminho para colaborar com possíveis transformações. Não encontrei respostas satisfatórias para explicar todos os problemas, mas de alguma maneira sinto-me incluída no processo de construção de uma sociedade mais justa.

Comecei a trabalhar no Projeto ACAP do CEAF em março de 1996. Em dupla, coordeno grupos de pais (na maioria mães) em encontros semanais. Desde 1999 coordeno palestras, seguidas de discussão, em encontros bimestrais com pais de alunos de um centro de juventude, para refletirmos sobre temas familiares escolhidos por eles mesmos e pela escola, e coordeno, em parceria, um grupo de mães de filhos deficientes mentais. Com o passar dos anos, fui me desenvolvendo como profissional, e minha participação no CEAF cresceu quando passei a integrar outros projetos, como o Terapia Familiar e o Cine Família. Mas, para refletir sobre meu trabalho voluntário no CEAF, me basearei na experiência do ACAP.

O Projeto ACAP existe desde a fundação do CEAF, em 1983. Na minha percepção, esse trabalho está permeado pelas seguintes crenças:

- uma maneira privilegiada de atingir a criança é fortalecer seus pais ou substitutos, para que possam realizar melhor suas funções de educadores;

OS DESAFIOS DE UMA COORDENADORA DE GRUPO – DA INSTRUÇÃO À CONSTRUÇÃO   155

- as transformações sociais requerem cooperação e colaboração;
- ações preventivas de conteúdo educacional trazem em si possibilidades transformadoras.

O Projeto ACAP tem como proposta:

- discutir as relações familiares;
- fortalecer a identidade pessoal de cada participante do grupo;
- ampliar a capacidade reflexiva dos pais, bem como o reconhecimento de suas competências e recursos;
- desenvolver a percepção de cada um enquanto agente transformador da própria vida.

O ACAP realiza encontros com grupos de pais e/ou substitutos semanal ou quinzenalmente, em instituições parceiras (escolas, creches, centros de juventude, casas de passagem). Esses encontros podem se estender por um semestre ou por um ano, podendo ser renovados de acordo com os interesses de ambas as partes. Os voluntários se reúnem semanalmente no CEAF para estudos teóricos e de técnicas de atendimento.

Dado o nível socioeconômico dos participantes, que gera dificuldades em vários aspectos de suas vidas, a freqüência é irregular. Por isso, os grupos são abertos, ou seja, cada reunião tem algum sentido, independentemente de seu encadeamento com outra. Tentamos fazer de cada encontro um ato terapêutico com princípio, meio e fim.

As mães que temos atendido são mulheres de baixa renda, residentes em favelas, geralmente analfabetas ou semi-alfabetizadas. Algumas tiveram filhos de dois ou três companheiros diferentes, outras foram abandonadas e sustentam sozinhas suas famílias, trabalhando como domésticas. A maioria é natural do Nordeste.

No começo do meu trabalho, buscando construir um espaço de confiança e formação de vínculos, abordávamos os temas que emergiam à medida que cada mãe colocava seus problemas. Os membros do grupo contribuíam com suas experiências em situações semelhantes, e daí surgiam várias possibilidades de respostas individuais, de forma acolhedora. A cada atendimento, avaliávamos o trabalho e sentíamos sempre a necessidade de mais ferramentas que nos auxiliassem, uma vez que os problemas trazidos pelas mães eram geralmente de muito sofrimento, envolvendo alcoolismo, drogas, agressões físicas, abusos sexuais, entre outros. Introduzimos vivências com o objetivo de integração e relaxamento dos membros do grupo. Nessa caminhada, as mudanças foram acontecendo, tanto em nossa prática como no comportamento das mães.

Começamos a utilizar técnicas e materiais não-verbais, tais como dinâmicas de grupo, teatro, filmes, músicas, colagem, argila e histórias, como recursos facilitadores da expressão, que independem de verbalizações e explicações racionais.

A posição de escuta, bem como o caráter lúdico que foi dado aos encontros, possibilitou ao grupo abordar suas dificuldades de dor intensa de modo mais descontraído. As mães pareciam sair mais leves e sorridentes, com os vínculos mais fortalecidos.

Entretanto, em um desses encontros ocorreu um fato que nos deixou surpresas. Colocamos uma música como técnica de trabalho e, ao ouvir o som musical, três mães saíram às pressas da sala. Quando lhes perguntamos a razão daquela atitude, disseram-nos que, sendo evangélicas, não tinham permissão para ouvir músicas que não fossem os hinos de sua igreja.

Foram desenvolvidos então, durante alguns meses, por meio de estudos na supervisão, seminários sobre diversas religiões, que muito nos ajudaram a criar um contexto de conversações produtivas, capazes de gerar situações positivas de compreensão e aprendizagem, que permitissem incluir o outro no diálogo e entender seus códigos culturais.

Houve um ano em que vivemos um momento de frustração com um grupo de mães, que foi encerrado pela baixíssima freqüência antes do final do contrato. Depois de estudar e analisar o encerramento precoce do grupo, formulamos algumas hipóteses relacionadas a dificuldades da instituição contratante, do grupo e as nossas. De nossa parte, às vezes nos sentíamos impotentes para alcançar os objetivos do Projeto ACAP frente às dificuldades tão complexas das mães, como questões financeiras muito graves, situações de grande sofrimento e intensa necessidade de informação.

Quanto à instituição contratante, naquele momento ela não apresentava clareza quanto a querer ou não priorizar o trabalho com as mães, o que se refletiu no compromisso do grupo. No ano seguinte, fui convidada a retomar o trabalho, uma vez que a direção da instituição resolveu investir nos pais, pensando em beneficiar as crianças. No processo, fizemos uma nova mudança devido aos graves problemas financeiros, que deixavam as mulheres muito angustiadas. Utilizamos o recurso de trabalhos manuais, com a confecção de panos de prato que poderiam ser vendidos posteriormente, melhorando a renda familiar. As mulheres passaram a refletir sobre suas histórias de vida durante a execução de bordados e crochês, o que melhorou a participação do grupo, com uma vivência que resultava também em ganho financeiro concreto.

Na continuidade do processo, as participantes solicitaram a apresentação de temas previamente escolhidos pelo grupo. Queriam, naquele momento, ouvir das coordenadoras palestras sobre temas como alcoolismo, drogas, violência, perdas e luto, desemprego, preconceitos, crises de identidade, limites na educação dos filhos, brigas conjugais, rivalidade entre irmãos, o pai e a mãe na educação dos filhos e vários outros.

Com o evoluir dos trabalhos, notamos que o grupo, apesar de ter solicitado a exposição dos temas, revelava pouco aproveitamento do conteúdo. As mulheres mostravam uma postura de cansaço. Percebemos que as mães muitas vezes exibiam no rosto uma expressão de estranheza. Ao serem questionadas do motivo, diziam não estar entendendo o que estávamos falando. Existia uma diferença de linguagem e expressão lingüística entre coordenadoras e grupo.

Portanto, foi preciso fazer mudanças. As coordenadoras aprenderam a empregar uma linguagem simples, de fácil compreensão, assim como o significado de expressões e palavras regionais usadas pelas mães e por nós desconhecidas. Rosana Rapizo (1998) entende que um sistema construído na linguagem implica que a crença do outro é tão válida como a nossa, embora possa nos parecer menos desejável: "Os componentes dos sistemas não são apenas pessoas, mas uma rede de significados, redes de conversação, geradas e geradoras do próprio sistema".

158 UM OLHAR SOBRE A FAMÍLIA

Além de construir uma linguagem compartilhada, deixamos de lado a ênfase na instrução; substituímos as palestras por discussões em grupo e investimos nas conversações, explorando e validando todas as vozes. Nessas conversas, cada mãe podia ser vista como fonte de saber e de recursos, e a diferença como legítima. Com base nas dúvidas, das informações, das fantasias obtidas das mulheres, o tema era explorado. Nessa fase, começaram emergir novamente histórias de muita dor e sofrimento.

Durante o transcorrer do trabalho no ACAP, vivenciamos um processo de constante busca de novos conhecimentos, novas ferramentas, que fossem úteis para a compreensão e o desenvolvimento do grupo. Foi nessa busca que comecei a fazer formação em terapia familiar sistêmica.

Ao entrar em contato com estudos de Cecchin (1989), alterei de forma significativa minha maneira de trabalhar com os grupos. Lançando mão de perguntas, buscando junto com as mães novas narrativas, partindo da reflexão nas conversações, foi possível às mulheres flexibilizar os relatos apresentados como verdades, descartando as certezas absolutas.

Adotando uma postura de curiosidade, em vez de uma interpretativa, fui elaborando as questões para tentar entender os significados que cada uma trazia em seus relatos. O meu foco se deslocou da busca da origem e dos efeitos do problema para a maneira como as histórias eram narradas, como se construíam determinados sistemas de crenças e como as emoções presentes nas narrativas informam as ações. Dessa maneira, as mães foram desenvolvendo o olhar sobre si mesmas nas relações e no contexto com o outro. Segundo essas experiências, foi possível para elas identificar seus pensamentos, expressar seus sentimentos e perceber seus talentos, a fim de utilizá-los nas suas funções de mães, educadoras e mulheres.

O pensar sistêmico – que é sempre um pensar relacional – permitiu que eu me incluísse no grupo, junto com todas as mulheres, em vez de ficar como uma observadora de fora. Atualmente, tenho uma maior preocupação em privilegiar o processo de construção da realidade das mães, numa postura em que a coordenadora não sabe da outra e não tem uma receita, mas juntas podem construir alternativas mais interessantes, que levem em conta seus padrões e suas experiências de vida.

Reflexões sobre o projeto

O que me mantém neste trabalho voluntário é o retorno que as mães nos oferecem através de relatos como este: *"Parei de bater em meus filhos como batia antes. Eu não sabia escutar eles, já ia logo nos tapas".*

Tom Andersen (1999:43) entende que "a mudança pode ser limitação e a mudança pode ser evolução". Quando alguém muda seu comportamento por ordem, instrução que vem de fora, essa mudança é limitação, porque a pessoa muda por sentir-se ameaçada. Esse tipo de mudança pode levar à redução da criatividade, espontaneidade e intimidade.

Diferentemente da mudança que ocorre por imposição, a mudança pode se dar por evolução. Isso ocorre quando ela é interna e se processa de dentro para fora do sujeito, envolvendo não apenas conhecimento e informação no nível intelectual, mas sentimento e emoção. Pode ocorrer quando há um contexto que favoreça uma abertura para compartilhar idéias, conhecimentos, reflexões entre as pessoas. Assim, podemos ampliar as possibilidades de transferência de aprendizagem, de novas construções e ressignificações.

"Aqui aprendi a brincar com meus filhos. Parei de ser grossa com meu marido e os meninos. Olho se fez lição todo dia e agrado."

Segundo Maturana (1988), a história das pessoas é permeada pela relação com o meio. Ele entende que as interações entre dois ou mais sistemas não aceitam instrução, embora ocorram mudanças. Dessas mudanças surgem condutas de aprendizagem a partir da experiência.

As idéias de Maturana levaram-me a pensar que somos os agentes transformadores de nossas vidas, tendo como principal instrumento as relações com o meio. Com nosso jeito de viver e nossas escolhas, construímos o nosso destino.

Essas reflexões me conduziram ao contexto do meu trabalho com o grupo de pais, espaço onde o cliente pode engajar-se num sistema que favoreça encontrar alternativas transformadoras para seus dilemas, vencer desafios, aliviar sofrimentos, atingir algumas metas.

160   UM OLHAR SOBRE A FAMÍLIA

E, a partir dos diálogos, da conversação reflexiva, ressignificar e reconstruir suas histórias como autores de suas transformações.

"Antes não tinha conversa em casa. Era só briga. Agora tem briga, mas tem mais conversa."

"Eu venho aqui porque aprendo tratar os de minha casa e de mim também."

"Aprendi que quando um fala, o outro escuta, respeita o outro, não precisa brigar".

Algumas mães, quando chegam pela primeira vez, encontram muita dificuldade para se expressar, demonstrando bastante timidez. Chegam de cabeça baixa, malcuidadas na aparência, com a auto-estima muito rebaixada. No decorrer do ano, observamos que elas desenvolvem o sentimento de pertencer ao grupo, adquirindo confiança, o que faz com que mudem a postura e a aparência, ficando mais espontâneas e perdendo o medo de falar com autoridades (patroa, professoras, diretora).

A evolução das mulheres que freqüentam o grupo nos oferece um grande estímulo, pois os resultados positivos mostram que estamos ajudando, contribuindo para a vida pessoal dessas mulheres e de suas famílias. A satisfação que elas encontram no grupo multiplica nosso desejo e esforço para contribuir com uma sociedade melhor.

Considerações finais

O Projeto ACAP me permitiu perceber a utilidade de trabalhar de acordo com a história narrada pelos membros do grupo dentro da sua realidade de linguagem. Isso implica ampliar conhecimentos sobre a população atendida, possibilitando melhor compreensão e validação de seu saber, suas crenças e seus códigos culturais.

Como coordenadora, percebi que a utilização de perguntas ajuda a sair do lugar de especialista, de saber do outro, de instrução e de aconselhamento, daquele que acredita ser o único responsável por criar e inserir novas mudanças no sistema. Passei a ocupar o lugar de facilitadora, numa construção conjunta das possíveis mudanças no contexto grupal.

Com o CEAF completando vinte anos, sinto-me feliz e realizada de participar dos trabalhos que ele promove, de estar evoluindo profissionalmente e como indivíduo. Realizo um sonho de adolescência, que me impulsiona a atuar cada vez mais na sociedade, contribuindo de forma significativa, mesmo em pequena escala. O crescimento dessas mães influencia positivamente a educação e formação de seus filhos, uma influência que se perpetuará sobre seus descendentes, de forma progressiva. Em vez de apenas criticar e denunciar a sociedade em que vivemos, podemos atuar como agentes transformadores. O Projeto ACAP nos permite ser esses agentes, participando de forma reflexiva e amorosa da evolução do nosso meio social.

Bibliografia

ANDERSEN, T. *Processos reflexivos*. Trad. Rosa Maria Bergallo. 1ª reimp. Rio de Janeiro, Instituto NOOS/ITF, 1999.

CECCHIN, G. *Nueva visita a la hipotetización, la circularidad y la neutralidad: Una invitación a la curiosidad*. Buenos Aires, Sistemas Familiares–ASIBA, 1989.

MATURANA, H. *Da biologia à psicologia*. Trad. de Juan Acuña. 3ª ed. Porto Alegre, Llorens, 1988.

RAPIZO, R. *Terapia sistêmica de família: da instrução à construção. Um momento de transição: a segunda cibernética*. Rio de Janeiro, Instituto NOOS, 1998.

Nair de Oliveira Mendes é voluntária do Projeto Terapia Familiar, psicóloga clínica, psicoterapeuta de adulto, casal e família, diretora de ensino e pesquisa do CEAF e coordenadora do Projeto Resgate Cidadão.

16

Projeto Resgate Cidadão

NAIR DE OLIVEIRA MENDES

SUZANNA AMARANTE LEVY

O Projeto Resgate Cidadão foi desenvolvido pelo Ministério da Saúde e pela Secretaria de Saúde do Município de São Paulo, em parceria com instituições que trabalham com as relações interpessoais, e envolveu todos funcionários (da diretoria à equipe de limpeza) das unidades de saúde do município de São Paulo. O objetivo era promover a reflexão sobre o tema da violência em oficinas de sensibilização, visando ampliar os recursos dos profissionais encarregados do atendimento, tanto na percepção das diversas formas de violência quanto no acolhimento e encaminhamento das pessoas envolvidas em situações de violência.

Este projeto foi divulgado no primeiro encontro sobre as diferentes formas de violência (institucional, doméstica, sexual, no trânsito, contra deficientes e outros) organizado por Lumena Almeida de Castro Furtado, gerente do COGest, com as instituições parceiras, em junho de 2002.

Sendo uma rede de apoio em situações de violência, urgência e emergência, o projeto Resgate Cidadão está de acordo com os princípios básicos de atuação do Centro de Estudos e Assistência à Família (CEAF), que acredita que a evolução e a mudança interna do indivíduo ocorrem quando a interação entre pessoas possibilita a reflexão, com aceitação da legitimidade do outro, em diálogo sem hierarquia de poder.

A violência como forma de relação representa um problema de alta complexidade, de profundas e múltiplas repercussões nas famí-

PROJETO RESGATE CIDADÃO   163

lias, nos grupos institucionais, sociais, comunitários, regionais, nacionais e mundiais. Portanto, trabalhar com a violência requer energia e muitos recursos emocionais, teóricos e técnicos dos profissionais e pessoas envolvidas. A convivência cotidiana com a violência, a miséria, a destruição, a vulnerabilidade faz com que os atendentes se sintam desamparados, carentes, impotentes, pouco reconhecidos, injustiçados, muitas vezes reproduzindo a violência vivida.

A complexidade do problema exige uma postura de valorização do lugar de cada um na equipe, da escuta individual e grupal, do envolvimento e do comprometimento, o que permite construir um espaço criativo em que cada participante possa pensar, sentir e se expressar sobre o tema nas suas relações pessoais e profissionais. Dessa forma, além de elaborar sentimentos e atitudes, estará promovendo uma mudança de comportamento profissional.

A equipe do CEAF, constituída por 22 pessoas, entre as quais duas coordenadoras e três supervisoras, realizou oficinas de sensibilização em treze unidades do distrito da Freguesia do Ó. Cada Unidade Básica de Saúde (UBS) ficou sob responsabilidade de dois ou mais profissionais, que promoveram alguns encontros com o diretor da unidade antes da realização do trabalho, a fim de conhecer a instituição e suas características. A partir dessas reuniões, foi elaborado um projeto de vivência e uma proposta específica de sensibilização para cada unidade, que foi rediscutida pela equipe do CEAF antes da sua realização. A experiência com a diversidade de vivências construídas por nossa equipe contribuiu de forma criativa para a realização do projeto.

O projeto começou na sede do CEAF, onde se trabalhou com o grupo em vivências sobre o tema da violência e algumas questões levantadas: O que é violência? Quais as formas de violência e, entre estas, quais temos maior dificuldade em perceber? Quais as reações que temos frente à violência? Como ampliar nosso olhar sobre a violência?

O trabalho realizado com os grupos norteou-se pela visão sistêmica, no paradigma pós-moderno, que inclui o observador no sistema, descarta certezas a respeito dos fatos ou da objetividade da realidade, privilegiando o pensamento circular. Dentro dessa perspectiva, os coordenadores e supervisores respeitaram a singularidade e a maneira de trabalhar de cada profissional responsável pelo atendimento. As coordenadoras e supervisoras tiveram a função de acompanhar todas as etapas do trabalho das equipes, que abrangeram diversas técnicas de dinâmica de grupo, tais como jogos e atividades psicodramáticas, uso de desenho, pintura e colagens, discussão de filmes, assim como elaboração verbal de todos os conteúdos emergentes, de maneira a sensibilizar os participantes para perceber, acolher e encaminhar as pessoas envolvidas em contextos de violência.

Por meio de cenas de filmes, os diversos tipos de violência foram avaliados, o que proporcionou a reflexão sobre a existência de formas de violência "pouco percebidas", como a que ocorre na comunicação verbal, por meio da desqualificação do outro e concomitante legitimação de um terceiro. Essa é uma forma de violência já banalizada no cotidiano, porém devastadora.

O trabalho proposto pelo CEAF com equipes que atendem a situações de violência possibilitou a construção de um contexto reflexivo, integrador, gerador de recursos alternativos e soluções criativas para todo o grupo. Facilitou a cada participante o contato com as próprias vivências emocionais, com suas ressonâncias, e com as dos colegas de equipe, favorecendo o reconhecimento de suas competências e limitações, assim como dos demais membros da equipe e das instituições.

Os encontros com as unidades de saúde foram importantes para esclarecer os objetivos das oficinas, que para muitos não estavam bastante claros. Além disso, proporcionaram uma parceria com os coordenadores das unidades, na tentativa de minimizar a sensação de ameaça e invasão.

De forma geral, todos os integrantes dos grupos participaram ativamente das oficinas, expressaram sentimentos, opiniões e relataram suas vivências e histórias de vida livremente, propiciando boa integração e troca de experiências. As discussões revelaram que a violência é um tema presente no dia-a-dia das pessoas, interferindo diretamente na vida pessoal, familiar e no trabalho. Outros pontos levantados foram a falta de recursos e a impotência para combater a violência, o que gera sentimentos ambivalentes e situações de crises na equipe de trabalho e familiar.

A possibilidade de trabalhar em parceria, em rede ampla, foi a experiência neste Projeto Resgate Cidadão, com reuniões propostas pela COGest com todas as instituições parceiras, tem proporcionado um espaço de escuta e reflexão das ações e vivências distintas, sempre ampliando nosso olhar.

Com base nos encontros, foi feita uma tabulação das avaliações individuais de cada unidade e de todas unidades.

Tabela de avaliação individual sobre o Projeto Resgate Cidadão – CEAF, nas Unidades Básicas de Saúde do Distrito da Freguesia do Ó

QUESTIONÁRIO	PORCENTUAL EM RESPOSTAS
Você gostou de ter participado da oficina?	97% afirmaram que sim.
Como você avalia as atividades propostas na oficina?	47,35% consideraram ótimas; 46,39% boas.
Você acredita que o conteúdo desta oficina ajudará no acolhimento de situações de violência em sua unidade de saúde?	83,6% consideraram que sim.
Como você avalia o desempenho do monitor que realizou a oficina?	63,7% avaliaram como ótimo; 36,3% como bom.
O que você achou dos temas trabalhados?	53,9% ótimos e 37,7% bons.

Observação: a maioria dos participantes justificou suas respostas.

A experiência com o Projeto Resgate Cidadão foi enriquecedora.para todos os participantes. Para a equipe do CEAF, o trabalho foi muito satisfatório, já que os resultados das avaliações, tanto do grupo como dos coordenadores das unidades, mostraram que a maioria relatou que o conteúdo trabalhado foi importante para uma reflexão sobre o tema da violência em suas diferentes formas.

Diante da complexidade do tema e das sugestões apresentadas pelos funcionários e coordenadores, julgamos importante a continuidade do projeto, de forma sistemática, com a proposta de suporte das experiências vividas no cotidiano de toda equipe, objetivando aprofundar conceitos e formas de lidar com a violência, vítimas e agressores.

Nair de Oliveira Mendes *é voluntária do Projeto Terapia Familiar, psicóloga clínica, psicoterapeuta de adulto, casal e família, diretora de ensino e pesquisa do* CEAF *e coordenadora do Projeto Resgate Cidadão.*

Suzanna Amarante Levy *é voluntária do Projeto Terapia Familiar, psicóloga clínica, terapeuta individual, de casal e família, supervisora do* CEAF, *mestranda em Psicologia Clínica na* PUC/SP, **diretora de operações do** CEAF **e coordenadora do Projeto Resgate Cidadão.**

17

O fazer artístico musical de crianças desacreditadas ou esquecidas

Um trabalho voluntário na escola, supervisionado por uma ONG (CEAF)

SILVIA DE AZEVEDO BARRETTO FIX

Tendo trabalhado durante muitos anos como arte-educadora, apesar ter uma formação em Ciências Sociais, nunca havia visitado uma favela, porque sempre tive restrições a trabalhos simplesmente assistencialistas. Em 1997, quando Sonia Thorstensen, fundadora do Projeto Caminhando, me convidou para conhecê-lo, fui aos poucos me encantando com a possibilidade de uma prática social acompanhada de uma reflexão teórica, que visasse a um trabalho mais efetivo.

Sentindo muito medo de não dar conta das inúmeras questões que permeiam a vida dessas crianças e adolescentes, principalmente do ponto de vista material, tranqüilizei-me um pouco ao saber que os atendimentos seriam feitos em diferentes instituições onde as crianças e jovens estariam inseridos, apesar de nem sempre incluídos. Depois de participar durante alguns meses das reuniões semanais e das supervisões, consegui montar um projeto – Projeto de Música Ativa –, implantado numa escola de primeiro grau de uma instituição religiosa, que, em parceria com o Estado, atendia crianças da favela Paraisópolis, na cidade de São Paulo.

As crianças vinham uniformizadas, recebiam lanche e acompanhamento de uma assistente social para as eventuais questões do seu núcleo familiar. Foram feitos vários encontros com as professoras da escola e colocada a questão: "Como você vê a sua classe?". Os enfoques geralmente relatavam alunos com dificuldades de aprendizagem ou de disciplina. As conversas com a assistente social revelaram casos de desorganização familiar. Após alguns encontros,

168 UM OLHAR SOBRE A FAMÍLIA

em que crianças com "problemas" de aprendizagem ou de disciplina eram as mais citadas, tentou-se outro enfoque: "Na sua classe, você percebe alguma criança que fique muito quieta, que pareça estar sofrendo?". Outras crianças foram citadas. Após vários encontros, organizamos uma proposta para atendimento de grupos de cinco a dez crianças e adolescentes, ressaltando o cuidado a ser tomado para não estigmatizá-los com o rótulo "com problemas" ou "alunos difíceis". Dessa maneira, num mesmo grupo tínhamos crianças indisciplinadas ou não, com problemas de aprendizagem ou não.

É fundamental ressaltar que o trabalho proposto não é analítico no sentido tradicional, mas atravessado pela psicanálise. Ele é pautado na escuta e na relação com as professoras e os adolescentes, com os funcionários, a assistente social e as diretoras. É muito freqüente alguém nos apresentar questões ou fazer afirmações que nos mobilizam: "Ele não está melhorando!", "Não agüento mais!", "O que eu devo fazer?". Vemo-nos assim permanentemente confrontados com uma questão básica: nessa relação, que posição queremos e devemos tomar? Como responder à procura de saber a nós endereçada pelos professores e funcionários da instituição?

É importante não visar a uma simples extirpação do sintoma – no caso, a dificuldade de alfabetização ou de estabelecimento de laços sociais –, para não recalcar o sujeito existente ou em constituição na criança. Trata-se de pensar o sintoma da criança como um modo que ela encontrou para se inscrever no discurso da família, pensar o sintoma a partir do "romance familiar" (Freud) ou dos "complexos familiares" (Lacan) de cada criança, pensar o sintoma como uma questão colocada pela criança, que tem a ver com o seu "enigma", com o desejo do casal parental.

Consideramos ser necessário não cair na tentação do aconselhamento, e pensar na nossa posição na instituição. Trata-se de fazer uma escuta ativa e mobilizar questões. Trata-se de possibilitar um novo olhar e, mais do que isso, um olhar interrogativo.

Os olhares direcionados a essas crianças e adolescentes se alteram ou até mesmo passam a ocorrer quando eles têm oportunidade de se apresentar musicalmente. Alguns que nem eram vistos passam a ser olhados. Acontecem alterações ou revisões de rótulos ou preconceitos. Apostamos que essas crianças e jovens podem fazer deslocamentos nos lugares que ocupam na sua vida escolar e em suas famílias. Eram *desacreditados, esquecidos, desinvestidos.*

O conjunto formado por crianças e adolescentes de 8 a 16 anos de terceiras, quartas e quintas séries foi por eles denominado Batuquetu. Após trabalho em pequenos grupos, têm sido feitas apresentações para a classe, e depois, juntando todos os grupos, para todos os alunos da escola, com a presença de familiares e amigos, e, finalmente, fora da escola.

O conceito de música ativa implica *fazer música*, e não apenas tocar mecanicamente. Não se trata apenas de se ensinar a tocar um instrumento. Partindo do prazer de explorar a voz, o corpo e os instrumentos musicais, realizamos jogos e improvisações. Música ativa implica a existência de um outro que escuta aquele que está tocando. Trata-se de um fazer artístico musical no qual o tocar instrumentos é uma manifestação expressiva resultante de uma relação afetiva segura entre o adulto e a criança ou adolescente. O projeto objetiva trabalhar a identidade, desenvolver a auto-estima e formar para a cidadania.

Acreditamos que todos mudamos – nós, que estamos com eles nos encontros, todos os que os vêem jogar capoeira, os ouvem cantar e tocar, e os apreciam em sua singularidade. E, mais importante, as crianças mudam com a mudança do olhar e da fala dos outros. O que esperamos?

Os outros da criança são aqueles que a olham, a constituem e reconhecem sua existência. Daí a importância de dar-se a ver, fazer-se, colocar-se no campo de visão do outro. Os outros da criança ou adolescente são os que possibilitam sua inclusão na sua cultura nordestina, ou índia, ou negra, ou européia, ou seja, na nossa cultura mestiçamente brasileira.

Apresentação de caso:
Ivan, o menino que ficava sempre fora da classe

Ivan[1] tinha quase 10 anos quando começamos a atendê-lo, e freqüentava uma classe de terceira série. Sua professora mandava que ele colocasse sua carteira perto da porta, mas do lado de fora

---

1. O nome foi trocado para proteger a identidade da criança.

170 UM OLHAR SOBRE A FAMÍLIA

da classe. Dessa maneira, seu ângulo de visão só permitia que ele visse a lousa, a professora e o pátio interno da escola, não podendo ser visto por seus colegas e não podendo vê-los. A professora referia-se a ele como aquele que "só atrapalha", "impossível", "mau-caráter", "cínico". Dizia: "Já desisti dele", e o proibia de participar porque sempre atrapalhava a classe. Ele só podia olhar, mas não podia falar. Não estava alfabetizado.[2]

Quando começou a participar do conjunto musical, Ivan apresentou muita facilidade com os instrumentos musicais. De aparência saudável, grande e forte, sem ser gordo, olhos pretos muito brilhantes olhando profundamente nos nossos olhos, cativante, vivo e atento, extremamente participante, sempre tinha opinião e era o primeiro a responder a qualquer questão apresentada. Aceitava bem o rodízio dos instrumentos, acatando as solicitações de alternância, como, por exemplo, quando se pedia que fosse encontrando um modo de mostrar que estava terminando e que chegasse a um final. Explorava muito os diferentes instrumentos, fazendo verdadeiras performances. No início, queria ser o primeiro a tocar. Depois que percebeu que o primeiro tinha algumas desvantagens por não ter visto o desempenho dos outros, passou a querer ser o último. O grupo se sentava numa formação em semicírculo, em frente a uma parede toda espelhada, onde imaginávamos o público nos olhando. Eu, a maestrina, ficava no centro do semicírculo, de frente para eles e de costas para o público. Às vezes indicávamos o começo por um lado do semicírculo, às vezes pelo outro. Ivan se sentava sempre nas pontas.

Se por um lado Ivan era o destaque, por outro era o centro das reclamações de todos. Durante as execuções dos colegas, ele os ridicularizava, atrapalhava falando ou fazendo ruídos e caretas. Quando um colega se dirigia para o instrumento a ser experimentado, ele muitas vezes colocava o pé para que o outro tropeçasse. Na volta do colega, retirava o banco para que ele sentasse no vazio. O clima era de constante tensão. Esperava-se sempre uma nova provocação.

Na quarta série, com outra professora, sua carteira ficava dentro da classe, mas era enviado para a diretoria com muita freqüên-

---

2. Atualmente, devido à proposta de educação continuada, a criança é automaticamente aprovada, passando a freqüentar a série seguinte, apesar de não estar alfabetizada.

O FAZER ARTÍSTICO MUSICAL DE CRIANÇAS DESACREDITADAS OU ESQUECIDAS 171

cia. Nas apresentações do conjunto musical que fazíamos para as outras classes, para as mães e os pais, ocupava sempre posições de destaque. Tocava, dançava e cantava, candidatando-se para os solos e sendo indiscutivelmente escolhido pelo grupo. Extremamente criativo, mostrava suas composições com muito prazer. Por outro lado, nos ensaios, continuava fazendo suas críticas cáusticas a todos, apontando sempre a falta no outro.

Em 2002 a instituição religiosa desfez a parceria com o Estado, mas se tornou uma obra social, o que nos permitiu dar continuidade ao trabalho. Apesar de Ivan ter sido transferido para uma escola estadual, repetindo a quarta série, escolheu continuar pertencendo ao Conjunto Batuquetu. O que antes era praticamente uma imposição da instituição passou a ser uma escolha dele. Estabelecemos um contato com sua nova professora, que reclamava muito dele: "provocador", "impossível", e o mandava freqüentemente "para a coordenadora". Fomos chamados pela professora da classe para participar de uma festa da escola. Como várias crianças daquela classe faziam parte do Conjunto Batuquetu, eles se apresentaram jogando capoeira. Ivan se apresentou tocando pandeiro e ajudou a organizar o grupo. No mês seguinte, fomos convidados a fazer uma apresentação para crianças psicóticas e autistas numa escola especial. Todos estávamos preocupados. Eles queriam saber: "Como são essas crianças?"; "Elas têm boca?". No final da apresentação, sugerimos que eles levassem os instrumentos até o nosso público. Ivan relacionou-se intensamente com várias crianças. Impressionou novamente a todos.

Atualmente, ele freqüenta uma classe da quinta série. Seu relacionamento continua complicado. Durante o lanche, Ivan contou que sua irmã mais velha (única) está na Bahia na casa da avó. Um dos colegas comentou que "ela dá para todo mundo" e Ivan ficou muito bravo e o ameaçou. Geralmente ele ameaça seus colegas, que o temem. Ivan tem grande identificação com o pai, que já esteve preso. Diz que o pai lhe dá muitos instrumentos. Nas últimas férias, ganhou dele um teclado. Atendendo a nossa solicitação de trazê-lo, demonstrou seu uso dando um verdadeiro show.

Num dos encontros, antes de gingar e cantar, começamos a conversar sobre o que eles sabiam a respeito da origem da capoeira. Falamos sobre a época dos escravos... Ivan ficou muito agitado, provocando os colegas, rindo e encostando-se no colega ao lado,

172 UM OLHAR SOBRE A FAMÍLIA

dando chutes. Interrompemos algumas vezes e dissemos que daquela maneira ele não poderia continuar no ensaio. Continuamos até um basta: "Hoje não dá...", e pedimos para que ele voltasse para casa e pensasse. Fiquei muito mal, com medo de tê-lo excluído, e pedi uma supervisão.

Lembrei-me de uma outra situação em que ele humilhara um colega. Ele havia derrubado algo no chão e, quando um colega foi pegar, ele disse: "Pega aí, escravo". Soubemos do apelido do Ivan: Saci-Pererê. Só então me dei conta de que ele é o único negro do grupo. Muitos são mulatos, mas só ele é negro. Sua mãe é negra. Ivan parece ter pouca aceitação da figura materna. Numa reunião de pais à qual a mãe compareceu, percebemos que ela riu quando uma criança caiu na apresentação de capoeira, e também que ela é extremamente crítica com relação ao filho. E o pai? Ivan parece ter uma forte identificação com ele. Fala muito no pai, preocupa-se com sua saúde, mas não temos contato direto com ele.

Minha hipótese é que, para o Ivan, o significante "escravo" é muito forte – um significante dentro da sua cadeia de significantes, somente dele, constitutiva de sua especificidade. Soube que naquela semana, no grupo de Artes Plásticas, ele também havia sido convidado a sair um pouco. Pensei que ele talvez precisasse de um atendimento individual. Será que tantas questões poderiam ser trabalhadas no grupo?

Antes da supervisão houve mais um ensaio. Eu estava preocupada que ele não fosse, mas ele chegou de óculos escuros e, conversando sobre os limites, voltamos a ensaiar. Naquele dia Ivan levou um saxofone de plástico que o pai lhe dera há algum tempo. Apesar de não ter mais a biqueira, Ivan tirou sons incríveis daquele instrumento precário.

Como ele já foi atendido por algumas de nós da equipe de Arte-Educação, na supervisão foram levantadas várias questões: os sentimentos que ele desperta em nós, e como ele aponta a nossa falta – impotência frente às suas questões e ao que ele provoca no grupo. Falamos no sentimento que temos, de muito medo do futuro de Ivan. Ele é um jovem com tanto potencial e parece estar numa corda bamba. As pessoas que entram em contato com ele ficam preocupadas: ou ele vai ter muito sucesso no que fizer ou vai ser o "chefe do tráfico". Falou-se que o atendimento em grupo

O FAZER ARTÍSTICO MUSICAL DE CRIANÇAS DESACREDITADAS OU ESQUECIDAS 173

deveria continuar e que o caráter "soberano" do grupo deveria ser ressaltado.

E como será o próximo ensaio? Ivan continuará nos provocando e depois nos encantando? Nos provocando até o nosso limite, e depois tentando nos encantar novamente? Parece um eterno recomeçar, mas apostamos numa curva elíptica onde as possíveis elaborações desencadeiem deslocamentos. Ivan tem grande prazer em se apresentar e ser olhado.

Temos observado os deslocamentos das crianças e adolescentes nos lugares que ocupam em suas famílias e na sua vida escolar, a partir dos momentos em que têm oportunidade de se apresentar artisticamente. Os olhares para eles se alteram, ou até mesmo passam a ocorrer, possibilitando revisões de diagnósticos anteriores fechados. Quando eles "se fazem ver" (Lacan) deixam de ser *desacreditados, esquecidos, desinvestidos*.

Bibliografia

DALCROZE, E. J. *La musique et nous*. Genebra/Paris, Slatkine Ed., 1981.

KUPFER, M. C. M. "Pré-escola terapêutica Lugar de Vida, um dispositivo para o tratamento de crianças com distúrbios globais do desenvolvimento". In: *Estilos da Clínica*, vol. 1, nº 1, São Paulo, USP-IP, 1996.

LACAN, J. *O Seminário: livro 11 – Os quatro conceitos fundamentais da psicanálise*. 2ª ed. Rio de Janeiro, Jorge Zahar Ed., 1998.

LEVIN, E. *A clínica psicomotora*. 4ª ed. Petrópolis, Vozes, 2001.

ORFF, G. *Concepts clé dans la Musicothérapie Orff*. Paris, Alphonse Leduc et Cie, 1990.

VORCARO, A. *Crianças na psicanálise clínica, instituição, laço social*. Rio de Janeiro, Companhia de Freud Ed., 1999.

WINNICOTT, D.W. *Brincar & a realidade*. Rio de Janeiro, Imago Ed., 1975.

Silvia de Azevedo Barretto Fix é arte-educadora e socióloga, com pós-graduação em Psicologia. Atualmente, atende crianças na Pré-Escola Terapêutica Lugar de Vida do Instituto de Psicologia da USP e é voluntária pelo CEAF, na Obra Social Pio XII.

18

Um encontro com o "marginal": o "elemento" cedendo lugar ao sujeito

SONIA A. CORRADI HAENEL

A experiência que vou relatar foi uma vivência emocional fora do *setting* analítico que permitiu que a escuta e o olhar psicanalítico pudessem resgatar, transformar e humanizar uma característica do nosso trabalho.

Em 1999 iniciei o trabalho de orientação sexual com um grupo de meninos de uma instituição religiosa que oferece cursos profissionalizantes a jovens entre 15 e 18 anos. O personagem principal deste relato era membro desse grupo e vou chamá-lo de R.

Momentos antes de conhecer o grupo, eu havia conversado com a responsável pelos jovens dentro da instituição. É praxe que nosso trabalho comece uma ou duas semanas depois de iniciado o grupo, o que significa que os jovens já são conhecidos pela equipe do Centro de Juventude. Eles estavam apavorados com R. e tentaram alertar-me, amedrontando-me, dizendo que havia nesse grupo um "mau elemento", um "bandido" que pertencia ao L. A. (Liberdade Assistida) da Febem. Fiquei alerta, mas tentei não me contaminar com o aviso. Queria ter minha própria impressão, por meio do meu olhar e do que ele me despertaria nesse encontro.

Logo que entrei na sala, o silêncio foi quebrado quando me apresentei e expliquei o trabalho que faríamos juntos. R. começou a falar, ocupando todo o espaço no grupo, fazendo questão de intimidar-me e ao grupo com suas palavras e trejeitos que caracterizavam o protótipo do "bandido". O grupo mantinha-se em silêncio, e pude reconhecer no olhar de todos o medo que havia percebido na equipe. Por mais que eu quisesse manter certa neutralidade, confes-

UM ENCONTRO COM O "MARGINAL": O "ELEMENTO" CEDENDO LUGAR AO SUJEITO 175

so que aquela situação inusitada me causou incômodo e medo também. Comecei então a me questionar sobre o que ele havia despertado em mim. Como lidar com aquele sentimento e aquela situação? "Não é comigo!", pensei. "Essa é a maneira pela qual ele se relaciona com todos. Se eu me posicionar como todos, irei reforçar sua atitude e não poderei ajudá-lo. Serei mais uma pessoa que passará pela sua vida reforçando sua marginalidade. Então, o que fazer? Não posso também ignorar o que estou sentindo, o que também tampouco o ajudaria."

De uma maneira muito natural, fui ampliando o foco do meu olhar, abrindo assim espaço para que os outros também pudessem existir. Pedi que todos se apresentassem e falassem um pouco de si mesmos. Minha intenção era apresentar a R. a existência do outro, do grupo, e assim ajudá-lo a encontrar seu próprio espaço, um limite natural que surgia por intermédio do meu posicionamento e do próprio grupo, sendo essa a dinâmica estabelecida entre nós. Isso possibilitava a mediação entre ele e o outro: outro eu, outro grupo, outra instituição, outro mundo, por meio do efeito transferencial.

Passei a concentrar minha atenção não na imagem que ele insistia em mostrar, mas no que ele relutava em esconder por trás dessa roupagem de "mau elemento". Dessa forma, tornava o meu olhar diferenciado do dos demais, pois eu o via como mais um adolescente do grupo. Com essa atitude, aos poucos ele foi se despojando dessa imagem e sentindo-se menos ameaçado e, portanto, colocando-se menos na defensiva. Em vez de recriminá-lo por suas atitudes muitas vezes inadequadas, eu ajudava-o a pensar e a perceber que, ao contrário de proteger-se como ele imaginava, ele mesmo se fazia mal. O grupo também o ajudava a refletir, trazendo-o muitas vezes para a realidade.

Eu e o grupo o valorizávamos quando ele dizia algo que era importante para todos, e assim íamos construindo aos poucos uma nova imagem de R. Com isso, além de fazer com que ele deixasse de se ver como alguém que não tinha nada a oferecer, possibilitávamos que passasse a perceber que suas experiências, por mais difíceis e dolorosas que fossem, o haviam fortalecido e feito dele um sobrevivente.

Lembro-me de uma ocasião em que falávamos da adolescência e da importância de, nessa fase, poder descobrir sonhos, desejos, objetivos, e lutar por eles para construir o futuro. Eu dizia como era importante acreditar no sonho e se esforçar para realizá-lo. Tentava mostrar-lhes que o sucesso não deve ser medido pela posição que a pessoa atinge, mas pelos obstáculos que ela consegue transpor para conquistá-lo. Alguns membros do grupo citaram como exemplo Ronaldinho, jogador de futebol, menino pobre, favelado, que lutou pelo seu sonho, vencendo muitas dificuldades. Falaram de sua perseverança para superar o problema no joelho, que poderia ter impossibilitado sua carreira – atitude essa que foi elogiada pelo grupo todo, inclusive por R. Outros também traziam a dificuldade de ser rico neste país onde não há lugar para sonhos.

Nesse momento, um menino disse: "Eu não concordo. Por que dar tão duro na vida se a gente pode ganhar no mole? Eu quero ser garoto de programa, porque vou ganhar dinheiro fazendo sexo, que é o que eu mais gosto de fazer". Essa idéia mexeu com todo o grupo, todos o questionaram muito sobre sua escolha, mas, para surpresa de todos, o mais indignado era R. Ele dizia: "Você não sabe o que está dizendo. Nem pode imaginar que vida é essa! Você pensa que vai escolher com quem vai transar? Você vai ser escolhido, por uma mulher que pode ser gorda, feia, velha, e até mesmo por um homem. Já vivi nas ruas e sei o que é isso. É uma vida desgraçada. Se é por dinheiro, você não escolhe, mas é escolhido".

Foi um dos momentos de reflexão do grupo. Todos ficaram pensativos e silenciosos, mas logo em seguida piadas rolaram, quebrando o clima. Diziam: "Ganhar no mole...? Querendo ou não, vai ter que estar duro, e essa vida não vai ser mole".

A soma das nossas falas tornou-se um parâmetro de realidade frente às fantasias onipotentes de alguns membros do grupo, permitindo novo espaço para a reflexão a respeito de suas escolhas. Isso ficou claro quando, no encontro seguinte, o menino que queria ser garoto de programa disse ao grupo: "Pensei bem e não quero mais ser garoto de programa. Não é uma vida tão fácil como imaginava".

UM ENCONTRO COM O "MARGINAL": O "ELEMENTO" CEDENDO LUGAR AO SUJEITO **177**

As experiências dramáticas de R. passaram a ser narradas com o intuito de construção, de ajuda ao outro. O relato de seu drama, de seu trauma e de sua dor teve dois efeitos: o de curá-lo e o de transmitir sua experiência, uma doação ao outro que permitia a construção do pensamento, tanto dele como do grupo. O grupo então passou a olhá-lo e tratá-lo de modo diferente, a respeitar suas colocações, que, lentamente, deixaram de ser inadequadas para tornar-se adequadas e até mesmo interessantes e proveitosas.

Minha hipótese é que essa nova experiência lhe deu a oportunidade de resgatar uma vivência inicial muito primitiva de bom sujeito, que talvez ele tenha precocemente vivido e perdido, o que impossibilitou a introjeção do bom.

A responsável pelos jovens do Centro de Juventude relatou-me uma cena marcante: intrigada ao perceber que R. não almoçava no refeitório com os outros, e só comia depois que todos saíam, ela passou a observá-lo e verificou que ele comia com as mãos. Fazia uma maçaroca com a comida, colocava dentro da boca e engolia. Então, ela aproximou-se dele e perguntou-lhe por que comia assim. R. respondeu-lhe que sentia muito dor, pois seus dentes estavam todos estragados e já não podia mais mastigar. Quando ouvi isso, pensei: "Não é um monstro que morde, mas um bebê desdentado que precisa de cuidados". A responsável, que estava sempre em contato comigo e sabia de suas transformações, passou então a cuidar dele, oferecendo-lhe um tratamento dentário, do qual ele se orgulhava muito.

R. continuou por mais dois semestres no Centro de Juventude, onde fez questão de continuar sendo meu aluno. Ao final desse período, tinha obtido três diplomas técnicos – em eletricidade, informática e técnicas administrativas –, que lhe renderam uma colocação em uma empresa por intermédio da instituição. Tinha conquistado um lugar no mundo por seu esforço de mudança e pela crença dos que nele confiaram.

Essa crença no bom permitiu-lhe a expressão de sua capacidade amorosa. Minha leitura é de que R. era alguém com uma dor muito profunda, que, para defender-se, havia construído uma carcaça dura que o protegia do contato afetivo direto, isolando-o. Descobriu que o domínio por meio do medo o afastaria de todos, pois aprendeu que o isolamento o protegia de um possível novo abandono. Quando isolava-se do que era ruim, perdia tudo de bom que o contato com o outro podia lhe oferecer.

Essa possibilidade foi-lhe dada em nossos encontros, o que parece ter-lhe permitido integrar-se ao trabalho, aproximando-se do grupo e de mim. Ele me olhava com admiração, como um bebê olha para a mãe, o que me permitia representar a função materna. A instituição não mais o via como o "bandido", o "mau elemento", mas como um ser humano ferido, carente de cuidados, de amor, de olhar, de dignidade, e passou a lhe dar a chance de desenvolver-se para poder pertencer.

Essa rica experiência com esse grupo e com R. confirmou ainda mais a minha crença em um trabalho com adolescentes permeado pelos recursos que a psicanálise oferece. Ela não rotula nem fecha diagnósticos, por acreditar que todo encontro, toda nova e boa experiência, todo envolvimento verdadeiro, que permita ao indivíduo enredar-se, "vivenciar com", para depois desenredar-se, incita choques e transformações.

O mundo externo interfere na contenção e liberação de impulsos agressivos e amorosos, o que permite ao indivíduo defrontar-se com seu mundo interno, com o desconhecido. Por intermédio da transferência, ele introjetará a esperança de ter condições de suportar o desconhecido e sentir-se confiante diante do novo.

A supervisão deste caso foi realizada pela psicanalista Eliana da Silveira C. Caliguri.

Sonia A. Corradi Haenel é voluntária no Projeto Caminhando do CEAF; psicóloga-psicanalista, com especialização no atendimento clínico de crianças, adolescentes e adultos, em orientação sexual e orientação vocacional.

19

Aliança conjugal e modernidade

SONIA THORSTENSEN

O termo "conjugalidade" tem aparecido cada vez mais na literatura sobre as mudanças sociais da pós-modernidade e também na literatura sobre terapia de casal e família. Trata-se de fato de uma discriminação entre parentalidade e conjugalidade, que se faz necessária tendo em vista as mudanças ocorridas na família.

Historicamente, os casamentos eram arranjos de conveniência e, mais que tudo, visavam à preservação do patrimônio. A felicidade amorosa do casal não entrava em consideração, até porque os homens buscavam maiores prazeres nessa área fora de casa.

Como mostra Philippe Julien em *A feminilidade velada. Aliança conjugal e modernidade,* foi exigência da Igreja o consentimento dos noivos, o grande divisor de águas para que o casamento deixasse de ser uma transação entre os pais para se tornar, através dos séculos, e aos poucos, uma escolha pessoal. Foi um longo caminho nessa direção, e nunca na história houve uma possibilidade comparável à atual de a escolha de fato se dar. Em decorrência disso, as exigências sobre o casamento também nunca foram tão grandes.

Julien mostra ainda como, a partir da tradição judaico-cristã, a sexualidade sai do âmbito do sagrado para o âmbito do profano. A sexualidade deixa de participar do divino, do qual só a procriação participa. A ênfase se transfere do erótico para o amor-amizade, o único visto como durável e digno de confiança. Esse posicionamento tende a desqualificar o erótico como base da relação, chegando inclusive a uma espécie de anulação da diferença sexual. Tudo se passa como se não fosse justamente a família o lugar privilegiado da

180 UM OLHAR SOBRE A FAMÍLIA

eclosão das "várias sexualidades" que se interdependem, se cruzam, se satisfazem, se reprimem, se complementam, se estruturam. A família é o lugar sexual por excelência, ou não é família. Senão, vejamos. É o vínculo sexual entre dois jovens que dá início à família, na qual nascerão bebês que serão sexualizados pelos cuidados maternos e que deverão aprender aos poucos a desviar essa sexualidade da mãe e postergá-la para o futuro, devido à interferência do pai interditador. Esse pai, por sua vez, deverá ser capaz de ressexualizar a mulher após o nascimento do filho, já que ela estará completamente mergulhada na relação primitiva (e sexualizadíssima) com seu bebê. Ele deverá retomar a mulher para si sem traumatizar excessivamente o bebê (para que este não perca a erotização que recebeu da mãe, mas apenas aceite adiá-la para mais tarde) e sem dividir excessivamente a própria mulher entre seus dois amores (marido e bebê), de modo que ela possa retomar sua conjugalidade sem perder a maternidade recém-adquirida.

À mulher, pede-se que viva a sexualidade adulta com o marido, a infantil com seu bebê e que saiba harmonizar e satisfazer os amores de ambos, que funcionam em níveis diferentes e competem entre si (e devem competir, para o bem de todos). Espera-se que ela saia relativamente ilesa e saciada dessa disputa por seu amor, disputa que se perpetua na chegada de novos bebês, cada um com necessidades amorosas diferentes. Não se deve esquecer que o grande vencedor nessa disputa, o pai, terá dificuldade para se perceber como pai de modo estável, e muitas vezes se relacionará com ela por meio de impulsos infantis, e ela fará o mesmo com ele.

Enfim, trata-se de encontrar a dose certa de expressão, sublimação e repressão do impulso sexual numa estrutura dinâmica, que nunca encontra seu equilíbrio, a não ser na morte, quando ele enfim cessa. Julien diz que "a sexualidade é traumática, ou não é".

Pensar o casal como o lugar do amor-amizade é colocar de fora o que verdadeiramente o estrutura. De fato, o que é preciso enfatizar é que se exige muito de amizade, afeto e renúncia para ser minimamente possível compatibilizar o impossível. O termo "conjugalidade" implica essa consciência do papel fundador, onipresente e estruturante da sexualidade nas relações familiares.

ALIANÇA CONJUGAL E MODERNIDADE   181

Não há parentalidade possível sem conjugalidade que a fundamente. O texto de Julien o expressa de modo inspirado. E também resgata o real da sexualidade como capaz de engendrar não só o ser humano, como também o sujeito humano como tal. Quais são as condições para haver conjugalidade? Segundo Julien, "trata-se de encontrar uma ética do amor-paixão na própria conjugalidade: uma ética que conjugue erótica do desejo e estética do bem dizer, na arte de endereçar-se ao outro sexo". E acrescenta: "Só os artistas souberam, desde sempre, colocar em evidência aquilo que sustenta secretamente o discurso do amor".

Mas artistas só não bastam para responder à demanda de felicidade conjugal do sujeito pós-moderno. Muita teorização será necessária. As contradições se avolumam. Vejamos algumas.

A exaltação da parentalidade por si só leva a uma tendência "pedocêntrica": tudo se passa em função do bem-estar da criança (em oposição ao descaso histórico para com a criança, como o mostra Philippe Ariés em seu livro *História social da criança e da família,* Rio de Janeiro, LTC Editora, 1981). Nos últimos cinqüenta anos, a psicologia, a educação, o direito da família esmeraram-se em dar uma guinada de 180 graus nesse descaso, o que é um progresso inegável. Entretanto, muitos se perdem num excesso de radicalismo. Pai e mãe a serviço da felicidade do filho não podem esquecer que a verdadeira parentalidade só pode estar apoiada numa conjugalidade suficientemente boa, que encaminhe o filho na busca amorosa entre os pares de sua geração. Além disso, dar felicidade aos filhos não é impedir que se frustrem, mas, ao contrário, ensiná-los a lidar com as frustrações inerentes ao existir de modo saudável e criativo. O contrário é criar seres incapazes para a vida, propensos à utilização de soluções fáceis e rápidas, como uso de drogas, a violência etc.

A exaltação da parentalidade também nega o efeito desorganizador da vinda dos filhos sobre a conjugalidade do casal (como mostram as estatísticas), efeito este que, muitas vezes, não será mais revertido.

Uma outra causa tem contribuído para essa concentração compulsiva na parentalidade: a mudança do papel social da mulher, que a leva em igualdade de condições para o mercado de trabalho, mas a deixa dividida e culpada. Quando ela está com o filho, procura compensar a culpa cobrindo-o compulsivamente de "amor", isto é, satisfazendo todos seus desejos.

O filho passa a ser, para ambos os pais, o objeto narcísico a quem nada faltará. Realizam no filho coberto de mimos um desejo narcísico de abolição da falta. Perdem a noção de seu papel de educadores e formadores de indivíduos socializados. Infelicidade e carências conjugais também levam os pais, ou um deles, a usar o filho para tapar o vazio amoroso de suas vidas, isto é, "fazendo o filho feliz, já que eu não o sou". Fatores como esses levam a uma parentalidade compulsiva e nada benéfica para os filhos.

No âmbito da própria conjugalidade, respostas são necessárias para os fatores que mantêm homem e mulher unidos. Trata-se aqui da qualidade amorosa, erótica, de companheirismo e crescimento mútuo que o casal possa ou não construir para si. Julien fala que o "importante para cada um é partir da herança adquirida para encontrar sua própria via e assim sair dos impasses do seu passado". Convenhamos, não é fácil!!

Os conceitos sobre como se estruturam a feminilidade-masculinidade em sua complementaridade podem ajudar a construir uma "arte do bem dizer" no trato com o outro sexo. Certa visão pós-moderna de igualdade entre os sexos passa por cima da diferença básica entre eles, anulando o que faz a atração.

Eu terminaria dizendo que é preciso vencer as defesas de "saber" sobre a conjugalidade e ousar falar sobre ela, mesmo não sendo artista.

Sonia Thorstensen *é psicóloga clínica, psicanalista e psicodramatista; psicoterapeuta de adultos, casais e famílias; ex-coordenadora do Projeto Caminhando do* CEAF.

20

Da supervisão à multivisão

SUZANNA AMARANTE LEVY

É impossível para um ser humano viver sem praticar alguma coisa.
Só se torna um ser humano quando se tem uma prática.

Gregory Bateson

Introdução

No projeto de atendimento às famílias no CEAF, fazem parte da nossa equipe uma coordenadora do projeto, supervisores e um grupo de profissionais formados, ou em fase final da formação, em terapia familiar em instituições reconhecidas.

Por quê? Para atender famílias, é necessária uma formação teórico-prática rigorosa e longa, proposta pelos institutos formadores. Nesse sentido, o CEAF possibilita o exercício profissional clínico e a supervisão, inseridos em um projeto social voluntário com população de baixa renda. Portanto, todos os terapeutas são voluntários e trabalham em consonância com os objetivos do projeto.

A premissa da qual partimos é de que todo cidadão tem direito à saúde mental e, portanto, aos serviços dessa natureza, e a missão do CEAF é realizar um trabalho terapêutico preventivo, contribuindo para a melhoria das condições de saúde mental de uma parcela da população necessitada.

Fazer parte de nossa equipe é pertencer a um grupo reflexivo, afetivo, ético, participante na construção de idéias e no atendimento clínico às famílias. Quando atendemos as famílias que nos procuram por diversas dificuldades, acreditamos que, ao construir em

184 UM OLHAR SOBRE A FAMÍLIA

conjunto soluções para suas dificuldades, estamos trabalhando de forma preventiva, no sentido de dar à família a possibilidade de olhar para suas competências, qualificar suas histórias de vida e seus recursos pessoais. Observamos que as famílias nos procuram porque existe um sofrimento psíquico, algo que nem sempre é compreendido e cujas tentativas de resolução se esgotaram.

Do ponto de vista epistemológico, mantemos uma unidade por meio do pensamento sistêmico cibernético de segunda ordem, ainda que em nossa equipe os profissionais tenham percorrido trajetórias distintas, com liberdade de atuar de acordo com elas. Conviver com essas diferenças, respeitando as singularidades, tem sido uma tônica no CEAF.

O Projeto Terapia Familiar conta com uma coordenadora, o que tem possibilitado e legitimado as singularidades dos supervisores, bem como estimulado debates, reflexões sobre casos, enriquecendo a atuação de todos os profissionais envolvidos.

Super-visão?

Como venho pensando a supervisão? O que significa "supervisão" e "supervisionar"? Trata-se de um termo muito usual, que pode significar uma visão especial, mais ampla, e também pode adquirir um sentido de "vigiar". Refletindo sobre o significado da palavra "supervisão" e sobre minha trajetória como supervisora no CEAF, percebo que o termo me parece simples e redutivo.

Minha porta de entrada no CEAF, em 1997, foi pelo Projeto Terapia Familiar, como supervisora. O modelo de supervisão clínica era individualizado, o supervisor com a dupla de terapeutas. Havia uma hierarquia estabelecida do supervisor para com os terapeutas, que trabalhavam com a família em um relacionamento igualitário. Nessa época, em algumas situações, sentia que alguns terapeutas esperavam que eu, como supervisora, trouxesse uma "super-visão" sobre a família atendida e sobre a conduta dos terapeutas. Era como se o supervisor, por ter uma prática diferenciada em oferecer diferentes perspectivas sobre as narrativas familiares, pudesse ter uma visão especial a respeito de uma família, que na maioria das vezes não era vista pessoalmente por ele. Provavelmente, essa expectativa baseava-se na premissa de que a prática teórico-clínica do supervisor desse conta de construir essa "super-visão" e de que as crenças do supervisor fossem mais significativas do que as dos terapeutas.

Voltando no tempo e pensando nas minhas vivências de supervisão desde o início da minha prática clínica, pude refletir sobre esse tema. A supervisão sempre foi um espaço especial na minha prática clínica. Tive a oportunidade de conhecer pessoas das quais me recordo com saudades, não só por terem contribuído muito para ampliar minha visão sobre os casos relatados, como também pela relação afetiva que se criou entre nós, que funcionava como um porto seguro. Essa relação foi fundamental para que eu pudesse encarar as dificuldades e incertezas de uma prática. Quando iniciei os atendimentos clínicos, e narrava um caso em supervisão, sentia e percebia que a visão que eu tinha sobre o caso era muito limitada, devido à minha pouca prática clínica, à minha pouca vivência e à sensação de não ter nenhuma competência, o que me angustiava profundamente.

A palavra "supervisão" significava uma visão ampliada e especial do caso, baseada nas teorias de desenvolvimento e nas experiências de vida e na prática clínica dos supervisores. A noção de vigiar, no sentido de acompanhar, de estar junto, me deu condição de prosseguir com o meu trabalho e garantir um bom atendimento às crianças que eram meus pacientes.

Nessa época, a proposta terapêutica que eu utilizava definia-se como uma relação entre terapeuta e paciente, na qual o terapeuta, por meio de sua linguagem, se direcionava ao conteúdo latente do inconsciente do paciente. Era uma prática baseada na visão linear.

Quando senti necessidade de ampliar minha prática clínica do enfoque individual para o conhecimento da família, conheci Sandra Fedullo Colombo, supervisora e professora, que me introduziu em um novo mundo, o dos sistemas humanos. Foi como começar de novo... Senti muita insegurança e angústia naquele momento de mudança de paradigma e novas epistemologias. O espaço de supervisão foi essencial para eu aprender sobre essa prática, essa nova visão de mundo, e compartilhar emoções e histórias de vida.

186   UM OLHAR SOBRE A FAMÍLIA

Foi por meio do conhecimento e do estudo da teoria sistêmica que transformei minha percepção de mundo e das relações humanas. Essa teoria ampliou as fronteiras para a compreensão dos problemas humanos, dos processos de mudança e do indivíduo. Pelo olhar relacional, pude constatar e observar a diversidade de fatores presentes e, assim, a complexidade de possibilidades. A teoria sistêmica configurou-se tal qual uma nova prática de tratar problemas, utilizando recursos como a observação grupal dos atendimentos, equipe reflexiva, supervisão ao vivo, discussões teóricas grupais, incluindo a forma de olhar do terapeuta no sistema terapêutico: uma forma ampliadora de descrever problemas e criar alternativas.

Assim, enfatizando e incluindo o contexto e as relações, o trabalho terapêutico em famílias, comunidades e instituições passou a obter resultados significativos graças à multiplicidade de perspectivas e de interações. A terapia passou a ser um espaço de reflexão e conversação sobre o problema. Todos os participantes, inclusive o terapeuta, introduzem observações acerca das descrições trazidas, propondo outras visões na construção conjunta de novas alternativas. A linguagem passou a ser fundamental na construção das narrativas.

Diante dessa complexidade de sistemas interligados, a supervisão, a meu ver, passou a ser mais enriquecedora, no contexto grupal de multivisão, um sistema formado pelo coordenador e pelos terapeutas com seus diversos olhares.

O sistema multivisão

O sistema multivisão agrega a multiplicidade de sistemas em movimento num jogo dinâmico, em várias dimensões. Em decorrência dessas ilimitadas inter-relações de sistemas, obtemos uma diversidade de olhares, de construções possíveis sobre um relato. O espaço reflexivo de construção conjunta de idéias, por meio da riqueza de possibilidades trazidas pelo grupo, tem proporcionado o crescimento profissional e pessoal de todos os participantes e famílias atendidas.

O espaço reflexivo propicia a descoberta e apropriação das competências e estilos pessoais de cada terapeuta e do coordenador. Os terapeutas levam para casa diversos olhares sobre as narrativas das famílias atendidas, imagens, teorias contextualizadas, e, a partir dessa multiplicidade de perspectivas, selecionam o que para eles faz mais sentido no encontro terapêutico, favorecendo alternativas e novos significados para as histórias de vida das famílias atendidas e contribuindo para a construção de novas narrativas.

Nessa proposta da multivisão, com a evolução pessoal e a prática clínica dos terapeutas, o papel do coordenador fica cada vez mais diluído, e o grupo, mais independente, autônomo, criativo e responsável.

Terapeutas-grupo

Cabe aos terapeutas:

*   atender em dupla (sempre que possível);
*   desenvolver a capacidade de percepção e de escuta da família que está sendo atendida;
*   conversar sobre o atendimento após as sessões;
*   perceber as ressonâncias que são constituídas por elementos semelhantes, comuns a diferentes sistemas em intersecção, revisitando suas histórias de vida e localizando os pontos que interseccionam com as situações trazidas nos atendimentos;
*   ouvir, respeitar e ser solidários às situações de sofrimento que emergem nos atendimentos e no grupo;
*   ter criatividade nas situações de impasse, propondo vivências tanto na terapia como no grupo de multivisão;
*   perceber as próprias dificuldades e conversar sobre elas no grupo de multivisão.

Portanto, os terapeutas não devem se colocar no lugar do "especialista", e sim no do "não saber". A família é a especialista. A reflexão sobre os atendimentos dos colegas, os temas propostos, os relatos de experiências pessoais e clínicas constitui o eixo do grupo multivisão.

O coordenador da multivisão

Um coordenador deve criar um espaço de multivisão, propondo um contexto de confiança com seu grupo e promovendo uma escuta e um diálogo que respeite as ressonâncias, vivências e relatos de histórias de vida dos terapeutas e das famílias. Acredito que o talento de um terapeuta e coordenador se desenvolve por meio de uma boa conexão com sua história de vida, com suas emoções, seus sentimentos, e da coragem de revisitá-los quando necessário. O coordenador deve articular o estilo pessoal de cada um com o desenvolvimento do fazer do ofício, relacionado com as teorias aprendidas. Deve promover uma postura reflexiva frente aos dilemas humanos, em face das teorias existentes, sempre com atitude ampliadora, e não redutiva e preconceituosa. Deve propor vivências, leituras, peças de teatro, filmes, que abordem determinado tema de forma criativa e ampliadora. Na existência de conflitos grupais, o coordenador faz o papel de mediador, propondo uma reflexão grupal, sistêmica, que contextualize o conflito, e articulando posições antagônicas, concorrentes e complementares.

Se o grupo for continente com a dor, com o sofrimento das histórias narradas, os terapeutas também serão. Portanto, o coordenador é uma peça importante na continência emocional do grupo, mas cada elemento do grupo possui o seu papel nesse jogo. A relação do coordenador com os terapeutas deve ser de parceria, e não de poder.

Outra função que não deve ser esquecida é a de reiterar as normas do CEAF a respeito da moral e da ética na prática clínica. O coordenador deve relembrar e enfatizar as normas criadas pelo CEAF para manter o bom funcionamento da instituição. Cabe lembrar que, quando falamos em normas, estamos falando de regras de conduta e de organização frente ao CEAF.

Alguns pontos importantes a serem observados pelos terapeutas são o respeito às famílias atendidas, cumprimento dos horários de atendimento, aviso com antecedência quando houver necessidade de mudanças de horário, conhecimento da rede parceira do CEAF para encaminhamento. Quanto à ética na prática clínica, vale lembrar que os princípios morais são fornecidos pelos códigos sociais, enquanto os princípios éticos dependem do sujeito e são de natureza reflexiva.

A psicologia da pós-modernidade define o psicólogo como um agente de transformação social, para a qual contribuem o pessoal, o político e o profissional, implicando necessariamente uma ética das relações, cujos traços mais significativos são a consciência da auto-reflexividade e a consciência de que suas práticas e seus métodos de estudo não são ideologicamente neutros. (Gergen, *apud* Grandesso, 2000: 55).

Segundo Kitchener, alguns princípios éticos merecem reflexão, como autonomia, o fazer bem e mal, fidelidade e justiça.

A ética, para o psicólogo, reside em corresponder ao que se espera do papel que ele desempenha, com a responsabilidade de não abusar do poder que a sua posição lhe confere em relação ao outro. Agindo sempre honestamente em função do melhor interesse de seu cliente, sem malícia, segundas intenções, ou em busca de benefícios pessoais, pode justificar suas ações de acordo com conceitos vigentes. (Macedo, 1996 *apud* Macedo & Kublikowski, 2001).

Existe desrespeito aos princípios éticos quando o terapeuta age e pensa como se seus sistemas teóricos de crenças fossem fatos baseados em uma verdade única e aborda a experiência vivida do cliente com base nesses fatos. Ou quando rotula comportamentos e os encaixa em categorias que pontuam a patologia, a deficiência e a falta, enquadrando, por meio de diagnóstico, a trajetória em um ciclo incapacitante de desqualificação (Gergen, *apud* Macedo & Kublikowki, 2001).

Estamos construindo e sendo construídos. Produzir conhecimento na perspectiva que aceita as realidades construídas exige um maior comprometimento ético, já que o observador traz a sua realidade.

Bibliografia

BARKER, F. *Fundamentos da terapia familiar*. Lisboa, Climepsi, 2000.

CAPRA, F. *A teia da vida. Uma nova compreensão científica dos sistemas humanos*. São Paulo, Cultrix, 1996.

ESTEVES DE VASCONCELLOS, M. J. *Pensamento sistêmico. O novo paradigma da ciência*. Campinas, Papirus, 2002.

_____. *Terapia familiar sistêmica. Bases cibernéticas*. Campinas, Psy II, 1995.

190 UM OLHAR SOBRE A FAMÍLIA

GRANDESSO, M. A. *Sobre a reconstrução do significado: Uma análise epistemológica e hermenêutica da prática clínica.* São Paulo, Casa do Psicólogo, 2000.

HOFFMANN, Lynn. "Construindo realidades". *Family Process* 29:1-12, 1990.

JONES, E. *Terapia dos sistemas familiares.* Lisboa, Climepsi, 1999.

KEENEY, B. *A estética da mudança.* Campinas, Psy, 1997.

MACEDO, Rosa Maria & KUBLIKOWSKI, Ida. *A ética em psicologia: A construção de um espaço dialógico.* São Paulo, PUC, 2001.

MORIN, E. *A cabeça bem feita. Repensar a reforma e reformar o pensamento.* Rio de Janeiro, Bertrand Brasil, 2002.

SCHNITMAN, D. *et al.* (orgs.). *Novos paradigmas, cultura e subjetividade.* Porto Alegre, Artes Médicas, 1996.

Suzanna Amarante Levy *é voluntária do Projeto Terapia Familiar, psicóloga clínica, terapeuta individual, de casal e família, supervisora do CEAF, mestranda em Psicologia Clínica na PUC/SP, diretora de operações do CEAF e coordenadora do Projeto Resgate Cidadão.*

21

Projeto Terapia Familiar – relato de uma experiência

WALDEREZ BITTENCOURT

Entre os projetos implantados pelo CEAF para atendimento de pessoas carentes por voluntários da instituição está o de Terapia Familiar. Iniciado há aproximadamente oito anos, foi motivado pela constatação da complexidade e diversidade do contexto social em que a queixa individual era formulada.

O comportamento problemático ou perturbador de uma criança, adolescente ou adulto desencadeia, na rede de interações, reações emocionais que afetam a comunicação, a hierarquia, a capacidade de mudança, e, ao mesmo tempo, afeta o agente da discórdia, o "bode expiatório".

Sendo o CEAF uma instituição voltada para o estudo e o trabalho educacional e psicológico com famílias, a implantação de um programa dessa natureza se fazia necessário. No momento, trabalham no projeto 41 voluntários, atendendo 52 famílias.

Todos os voluntários trabalham com supervisão direta, realizada por profissionais experientes no campo clínico e teórico. Os terapeutas são voluntários com formação em terapia de família e casal, ou em fase de formação, predominando teoricamente a visão sistêmica.

O presente artigo pretende trazer o relato da experiência de implementação do projeto de atendimento de famílias e casais de baixa renda, focalizando alguns aspectos relevantes. O primeiro aspecto refere-se às expectativas da família ou casal em relação ao atendimento, que, em geral, lhes é pouco familiar.

As famílias trazem a experiência de terem recorrido ou serem atendidas por agências sociais em face das inúmeras dificuldades que enfrentam, e nem sempre compreendem suficientemente o modo de funcionamento dessas instituições, bem como seus direitos e obrigações. Por isso, muitas vezes esperam um tipo de ajuda que as mantenha sem autonomia, requerendo do terapeuta controle e tomada de decisões, uma função que caberia aos membros do sistema familiar.

Nessas circunstâncias, o terapeuta, consciente de ser parte de um contexto mais amplo extremamente restritivo, do qual a família carente é parte, é chamado a trabalhar de forma criativa, para evitar o desânimo e a paralisação do processo terapêutico.

Concordamos com Pakman (1993) quando afirma que talvez seja no trabalho com famílias em contexto de pobreza, mais do que em qualquer outro caso, que a pobreza da terapia é exposta com crueldade.

O segundo aspecto diz respeito à família que nos procura, a qual é distinta de nossa família, de nossas concepções de vida familiar, de nossos valores em relação a comportamentos, atitudes e assim por diante. Também diferem na habilidade de formular pensamentos, idéias, estados subjetivos, tão cara para nós, terapeutas.

Assim considerando, as sessões preliminares de atendimento da família, realizadas sob a rubrica de "triagem", possibilitam ao paciente sair do espaço da queixa. É nessas sessões que lhe são oferecidos tempo e atenção para ir se familiarizando com esse tipo de encontro.

Convém destacar que cada participante envolvido na questão que trouxe a família ou casal ao CEAF vem com determinado ponto de vista, ancorado em percepção própria, na cultura onde está inserido, na sua história pessoal e transgeracional – percepção essa que não necessita fundamentar-se porque é sentida como coextensiva ao mundo e à própria vida, sendo vivida como "natural" (Moguillansky & Seiguer, 1996).

Algumas expressões ilustram o parágrafo anterior: "O filho deve ser desta ou daquela maneira", "Sendo o filho mais velho, esperava-se este comportamento", "A avó tem razão quando diz que os homens abandonam suas mulheres", e assim por diante.

A possibilidade de relativizar os conceitos, tanto da parte dos familiares quanto do terapeuta, irá favorecer "uma idéia nova", pois questiona a visão totalizadora, impeditiva de mudança.

"A terapia busca facilitar, pela conversação terapêutica, a produção, pela família, de uma história diferente" (Sluzki, 1999: 62-7).

O processo terapêutico, com uma dupla de terapeutas, começa após o período de triagem, quando a queixa foi suficientemente esclarecida, aspectos relativos à demanda foram discutidos, e dias, horários e número de participantes foram definidos.

As famílias hoje atendidas no CEAF foram admitidas com as mais variadas queixas, que poderíamos exemplificar, a título de ilustração, da seguinte maneira:

- questões referentes à disciplina, à hierarquia familiar;
- comportamento marginal de filhos ou de um dos pais, com ameaças à integridade física ou psicológica dos elementos da família;
- violência verbal ou física entre os componentes do sistema familiar;
- depressão e conflito entre familiares, desencadeados por desemprego e conseqüentes problemas sociais;
- abandono de genitor, levando o sistema familiar à desorganização social e psicológica;
- violência sexual de um componente da família contra menor.

Poderíamos prosseguir enumerando a demanda inicial, mas esses tópicos são suficientemente ilustrativos da complexidade e extensão dos problemas. Em decorrência disso, o trabalho terapêutico envolve vários níveis de abordagem complementar, utilizando, em especial, as redes sociais e de apoio, como escolas, serviços de saúde mental, exames psicológicos complementares e assim em diante. Esse procedimento objetiva melhorar as condições que prejudicam a família, ao mesmo tempo que divide a responsabilidade do trabalho terapêutico com as agências sociais e a família.

Quando a família não pode iniciar de imediato o trabalho terapêutico, em razão de falta de disponibilidade de terapeutas para os dias que ela dispõe, oferecemos a ela a alternativa de participar de encontros de terapia comunitária até que possa efetivamente iniciar a terapia de família ou casal.

O CEAF conta no momento com seis supervisores, cada qual responsável por um grupo de terapeutas. Em geral, os supervisores e sua equipe de voluntários trabalham nos mesmos períodos, garantindo atendimento mais eficiente às famílias e apoio para os terapeutas voluntários.

Para assegurar a eficiência do trabalho, os supervisores acompanham os atendimentos e realizam supervisões semanais. Reuniões clínicas mensais oferecem oportunidade para a análise e discussão dos pontos de vista da equipe de terapeutas, visando estimular a troca de experiências e fortalecer os laços afetivos entre os participantes.

A complexidade e a gravidade dos problemas que a família de baixa renda enfrenta implicam, para os terapeutas, procedimentos inovadores, que desafiam os tradicionais métodos terapêuticos.

Como reagem os terapeutas em face da família desamparada socialmente e do ponto de vista psicológico? E diante da mãe que não sabe ser mãe?

O que sente o terapeuta de família, como pensa, como organiza essas escutas em relação às suas próprias vivências, são questões fundamentais para que ele não se transforme em eficiente operacionalizador e professor.

O ponto de vista de Sluzki é claro, quando afirma que "a terapia serve para ajudar o indivíduo ou a família a transformar sua história coletiva ou individual". O "como" irá depender da história da família e das "singularidades" do terapeuta.

Concluindo, faço minhas as palavras de Elkaïm (1999:79-83): "O que é importante para mim não é tanto a escola à qual o terapeuta pertence, mas a utilização que ele pode fazer desse ponto único e singular entre cada paciente e si mesmo".

Ajudar as pessoas a transformar seus dramas paralisantes em novos caminhos libertadores para a mudança é o centro de nosso projeto, no qual investimos nossa reflexão clínica e teórica.

PROJETO TERAPIA FAMILIAR – RELATO DE UMA EXPERIÊNCIA 195

Bibliografia

ELKAÏM, M. "Alguns comentários sobre auto-referência e terapia familiar." In: Elkaïm, M. (org.). *Terapia familiar em transformação*. São Paulo, Summus Editorial, 1999.

MOGUILLANSKY, R. & SEIGUER, G. *La vida emocional de la família*. Buenos Aires, Lugar Editorial, 1996.

SLUZKI, C. "A transformação dos depoimentos na terapia". In: Elkaïm, M. (org.). *Terapia familiar em transformação*. São Paulo, Summus Editorial, 1999.

PAKMAN, M. "Terapia familiar em contextos de pobreza, violência, dissonância étnica." *Nova Perspectiva Sistêmica*, nº 4, ano 2, Rio de Janeiro, Instituto de Terapia Familiar, outubro de 1993.

Walderez Bittencourt é coordenadora do Projeto Terapia Familiar, psicóloga clínica, terapeuta individual, de família e de casal, doutora em Ciências pelo Instituto de Psicologia da USP, ex-professora do departamento de pós-graduação em Psicologia Clínica da PUC/Campinas, ex-chefe do Setor de Psicologia do Departamento de Ginecologia e Obstetrícia da Faculdade de Medicina da USP.

LEIA TAMBÉM

AÇÕES EDUCATIVAS
Vivências com psicodrama na prática pedagógica
Escolástica Fornari Puttini e Luzia Mara S. Lima (orgs.)

A busca persistente de uma forma original de ensinar, privilegiando a espontaneidade, como proposta por Moreno, é o denominador comum dos artigos desse livro. Ele é o resultado do trabalho de um grupo de educadoras de diferentes regiões do Brasil e uma da Argentina, que, de diferentes maneiras, aplicam o psicodrama em sua prática pedagógica. Abordando temas tão diversos como a relação entre as teorias de Moreno com as de Vygotsky e Wallon, e a expressão da espontaneidade através do T'ai Chi Chuan, esta obra irá enriquecer o cotidiano de todo profissional que lida com o ato de educar. REF. 20534.

HISTÓRIAS QUE EDUCAM
Conversas sábias com um professor
Ruy Cezar do Espírito Santo

O autor é um conceituado educador que gosta de estimular seus alunos para o autoconhecimento e para o despertar da espiritualidade. Trabalhando em sala de aula com o livro *Histórias que curam*, de Rachel N. Remen, Ruy inspirou-se para escrever este livro. Outros educadores, por sua vez, sentir-se-ão inspirados pela sensibilidade e poesia desta obra. REF. 20794.

O TAO DA EDUCAÇÃO
A filosofia oriental na escola ocidental
Luzia Mara Silva Lima

Professora universitária e campeã mundial de kung fu, Luzia escreve sobre sua trajetória profissional na área da educação, tendo a arte marcial como um de seus instrumentos. O objetivo é ajudar o aluno a se desenvolver como um ser humano integral. Indicado para profissionais que trabalham com jovens e crianças. REF. 20719.

Saiba mais sobre
MACONHA E JOVENS
Um guia para leigos e interessados no assunto
Içami Tiba

O autor analisa a maconha, seus efeitos, e a maneira pela qual os jovens acabam se envolvendo com ela. Útil para pais, jovens e terapeutas. Escrito em linguagem coloquial, o livro estabelece também um paralelo entre as etapas do desenvolvimento escolar e os aspectos preventivos. 4ª edição revista e ampliada. REF. 20361.

IMPRESSO NA

sumago gráfica editorial ltda
rua itauna, 789   vila maria
02111-031   são paulo   sp
telefax 11 **6955 5636**
sumago@terra.com.br

G R Á F I C A
sumago

--- dobre aqui ---

ISR 40-2146/83
UP AC CENTRAL
DR/São Paulo

CARTA RESPOSTA
NÃO É NECESSÁRIO SELAR

O selo será pago por

SUMMUS EDITORIAL

05999-999 São Paulo-SP

--- dobre aqui ---

EDITORA ÁGORA

CADASTRO PARA MALA-DIRETA

Recorte ou reproduza esta ficha de cadastro, envie completamente preenchida por correio ou fax, e receba informações atualizadas sobre nossos livros.

Nome:_____ Empresa:_____

Endereço: ☐ Res. ☐ Coml. _____ Bairro:_____

CEP: _____-_____ Cidade: _____ Estado: _____ Tel.: ( ) _____

Fax: ( ) _____ E-mail: _____ Data de nascimento: _____

Profissão:_____ Professor? ☐ Sim ☐ Não Disciplina: _____

1. Você compra livros:

☐ Livrarias   ☐ Feiras
☐ Telefone   ☐ Correios
☐ Internet   ☐ Outros. Especificar:_____

2. Onde você comprou este livro?

_____

3. Você busca informações para adquirir livros:

☐ Jornais   ☐ Amigos
☐ Revistas   ☐ Internet
☐ Professores   ☐ Outros. Especificar:_____

4. Áreas de interesse:

☐ Psicologia   ☐ Comportamento
☐ Crescimento Interior   ☐ Saúde
☐ Astrologia   ☐ Vivências, Depoimentos

5. Nestas áreas, alguma sugestão para novos títulos?

_____
_____

6. Gostaria de receber o catálogo da editora? ☐ Sim ☐ Não

7. Gostaria de receber o Ágora Notícias? ☐ Sim ☐ Não

Indique um amigo que gostaria de receber a nossa mala-direta

Nome:_____ Empresa:_____

Endereço: ☐ Res. ☐ Coml. _____ Bairro:_____

CEP: _____-_____ Cidade: _____ Estado: _____ Tel.: ( ) _____

Fax: ( ) _____ E-mail: _____ Data de nascimento: _____

Profissão:_____ Professor? ☐ Sim ☐ Não Disciplina: _____

Editora Ágora

Rua Itapicuru, 613 7º andar   05006-000   São Paulo - SP   Brasil   Tel (11) 3872 3322   Fax (11) 3872 7476
Internet: http://www.editoraagora.com.br   e-mail: agora@editoraagora.com.br

cole aqui